Fatou Guinea

Trace ta route !

De l'écran à la vraie vie,
les secrets du bonheur

Robert LAFFONT

Trace
ta
route !

SOMMAIRE

CHAPITRE 1
QUI SUIS-JE ? — 7
Mon abécédaire — 9
Test : quel genre de vanneur(se) es-tu ? — 24
Influenceuse, moi ? Créatrice de contenu ! — 27
Avoir confiance en soi en 6 leçons — 39
Le *skin care* et le maquillage : les fondamentaux — 41

CHAPITRE 2
LES ÉVÉNEMENTS PHARES — 45

CHAPITRE 3
DES CAUSES À DÉFENDRE — 53
L'environnement — 55
Égalité des sexes — 61
La lutte contre le racisme — 67
Le harcèlement scolaire — 71
Le harcèlement sur les réseaux — 75
Les psys, c'est pas pour les fous ! — 81

CHAPITRE 4
L'ENTREPRENEURIAT — 87

CHAPITRE 5
ET L'AMOUR, DANS TOUT ÇA ? — 97
La famille — 101
L'amitié — 105
Test : quel(l) pote es-tu ? — 110
Le couple — 113
Le mariage et la maternité — 117

Trace ta route !
―――
SOMMAIRE

CHAPITRE 6
AU PLUS PRÈS DE SOI : LA COMÉDIE — **121**
Le théâtre — 123
Le cinéma — 127

CHAPITRE 7
LA POLITIQUE — **131**

CHAPITRE 8
LA CUISINE — **135**
Mes recettes favorites — 141
    Les Fatou bolos — 142
    Le poulet yassa — 144
    Le Fatou fraisier — 146

CHAPITRE 9
LE FATOU WORLD — **149**
Mon questionnaire de Proust — 151
Ton questionnaire de Proust ! — 154
Cinéma et musique de mon enfance — 157
Culture rap, culture urbaine ? — 163
Test : quel rappeur es-tu ? — 168
Le fatoulangage — 171
Le fatousphère — 175
La Guinée — 179
Exercices ! — 183
Quel(le) rêveur(se) es-tu ? — 184
C'est quoi, le bonheur ? — 187

REMERCIEMENTS — **191**

CHAPITRE 1

qui SUIS-JE ?

CHAPITRE 1

qui
SUIS-JE ?

Mon abécédaire

qui
SUIS-JE ?

MON ABÉCÉDAIRE

Mon abé-cédaire

A COMME AUBERVILLIERS

Aubervilliers, là où tout a commencé.

Je suis née dans le 93 et j'y ai grandi. Après mon bac, j'ai fait un BTS assistante de gestion qui m'a contrainte à quitter la Seine Saint-Denis. Je travaillais à Puteaux en alternance, je touchais à tout : la gestion des absences, un peu de comptabilité, du commerce. J'organisais des salons, aussi. J'étais élève et employée ; j'adorais ça !
Mais être dans un bureau, être enfermée, c'était pas mon truc. J'avais plus la tchatche, l'envie d'être une commerciale. J'ai donc enchaîné avec une licence commerce et marketing international. Je pouvais bouger tout le temps, ça me plaisait bien plus.
J'ai poursuivi mon cursus avec un master de commerce et marketing, que j'ai décidé d'arrêter afin de devenir créatrice de contenu et, par la suite, actrice.

qui SUIS-JE ?
MON ABÉCÉDAIRE

B COMME BOUGER...

Bouger, c'était ce que je voulais.

Avant même d'être dans les études, j'avais déjà beaucoup voyagé. J'ai eu la chance d'avoir des parents qui tenaient à me faire découvrir le monde, même s'ils avaient peu de moyens. Ils prenaient des billets d'avion pour partir trois mois, de fin juin à début septembre, pendant les grandes vacances. On partait en immersion.
Comme j'ai de la famille un peu partout, je suis allée aux États-Unis, en Afrique. J'ai pu renouer avec mes origines, découvrir une culture que je ne connaissais pas, que je n'appréhendais qu'à travers des films, de la musique et, bien sûr, l'éducation de mes parents. Je n'avais pas approfondi la question plus que ça jusque-là, donc c'était quelque chose de très fort d'y aller. À mon avis, mon esprit d'ouverture vient aussi de là. Quand tu séjournes dans un pays et que tu y rencontres à la fois le familier (les lieux dont on t'a parlé, les odeurs qu'on t'a racontées, les oncles, les tantes, les cousins...) et l'altérité (une autre culture, des codes différents, des langues différentes...), ça forge un peu ta vision du monde. En tout cas, ça a forgé la mienne. La Terre est une scène immense et riche sur laquelle je veux jouer mon meilleur rôle !

... ET COMME BLAGUES, AUSSI

Ma mère est une femme de la capitale, et mon père a tout de suite flashé sur elle. Comment il l'a eue ? Avec des blagues. Elle aime rire plus que tout et c'est grâce à ça que mon père est entré dans sa vie. Je ne connais pas leur contenu mais j'imagine qu'elles devaient être très efficaces (un peu comme les miennes).

qui SUIS-JE ?
MON ABÉCÉDAIRE

C COMME CONAKRY

Il faut m'imaginer à treize ans, en Guinée Conakry, dans le village de mon père.
Un village superbe, verdoyant, plein de beaux marigots, de nuances de couleurs uniques qui marquent immédiatement.
Là-bas, les gens étaient extrêmement tolérants. Tolérants envers les étrangers que nous étions. Pour eux, on était des étrangers, et j'étais « la Française ». On n'était pas des locaux, on parlait peu la langue, ou pas assez bien. Maintenant, je la manie parfaitement, parce que, dans ma famille, il y a des gens qui ne parlent pas du tout français avec qui je veux pouvoir communiquer.
Les sœurs de ma mère habitent aux États-Unis. Elles sont dans le Mississippi et à New York. À l'époque, je ne parlais pas anglais et mes cousins comme mes cousines ne parlaient pas français. La seule chose qui nous permettait de nous comprendre, c'était le malinké, l'une des nombreuses langues parlées en Guinée. C'était le point commun qu'on avait, la langue que l'on avait tous entendue à la maison, la langue qui nous liait. Celle qui me lie à ma mère, aussi – on l'utilise régulièrement toutes les deux, et je trouve ça génial.

qui
SUIS-JE ?
MON ABÉCÉDAIRE

E COMME EXPRESSION

La manière dont je parle vient en premier lieu de la manière dont on m'a élevée. Mes parents ont toujours pris soin de choisir leurs mots. Et le choix des mots, c'est essentiel. Peu importe la cause défendue, si tu emploies les mauvais termes, personne ne t'écoutera. En grandissant, j'ai compris à quel point choisir le bon vocabulaire, en fonction de ce que tu veux dire et en fonction de ton interlocuteur, est capital.
Bien s'exprimer permet de faire passer des idées sans la moindre violence, et avec n'importe qui. Et le point commun qu'on a avec les autres, quand on grandit en France, c'est qu'on passe par la même école. Elle nous procure des références communes qui nous permettent, quel que soit notre milieu, de comprendre autrui.
L'éducation, la richesse du vocabulaire pour tous, ça fait partie de l'égalité des chances.

Et parler plusieurs langues, c'est une richesse encore plus grande. Ça permet de penser plus, de penser mieux. C'est s'ouvrir au monde !

qui SUIS-JE ?
MON ABÉCÉDAIRE

F COMME FATOUMATA ET FORCE

J'ai su très vite qui j'étais grâce aux membres de la famille que j'allais voir à l'étranger. Ils m'ont permis, par exemple, de connaître la profonde signification de mon prénom.
Fatoumata provient de « Fatima », la fille de Muhammad, le prophète de l'islam – ma religion.
On m'a appelée ainsi car c'est aussi le prénom de ma grand-mère et que les *n'toman* (mot qui signifie « homonyme ») sont très importants dans ma famille. Le donner, c'est une marque de respect envers la personne nommée. Je suis donc la *n'toman* de ma grand-mère, qui en est très heureuse.

Ma mère m'appelle Fatou mais opte, la plupart du temps, pour le surnom « N'a », qui veut dire « Maman ». C'est cyclique : je suis la fille mais représente aussi la mère, car je suis son homonyme.

Savoir ce genre de choses sur mes origines a très tôt ancré en moi le fait que j'étais guinéenne, noire, musulmane, et qu'il fallait que j'en sois fière. Ça faisait partie de mon bagage, inextricablement.
Et ce bagage culturel extrêmement riche, c'était et c'est ma force motrice. J'avance en le prenant pour ligne directrice dans ma vie de femme indépendante.

Parce que savoir d'où je viens, c'est savoir qui je suis et, par conséquent, où je vais.

qui SUIS-JE ?
MON ABÉCÉDAIRE

G COMME GÉNÉRATION

Ce que je trouve fabuleux, c'est que, contrairement aux idées reçues, mes parents n'ont rien exigé de moi ; la transmission s'est faite dans la douceur et avec beaucoup d'amour. C'est la raison pour laquelle je ne me suis pas perdue – et une des raisons pour lesquelles je les aime autant. Ils voulaient tellement que nous nous intégrions, que cela se passe le mieux possible pour nous, qu'ils se refusaient à nous donner une marche à suivre. Même si, bien sûr, ils ont toujours tenu à ce que nous gardions en tête ce qu'ils nous ont transmis et ce que nous sommes.
Certes, à partir d'un certain âge, ils nous ont expliqué ce qui, selon eux, constituait les fondamentaux d'une vie.
Selon ma mère, par exemple, c'était être en accord avec sa religion, se marier, faire des enfants, être une femme indépendante et respectueuse – tout en restant en accord avec soi-même et avec ses principes. C'était avoir une carrière stable, s'intégrer correctement dans la société sans truander, sans faire de mal à qui que ce soit. Et c'était aussi être discret. La pauvre... Avec moi, c'est raté.

Selon mon père, c'était parvenir à ne dépendre de personne, et pas seulement financièrement. Il voulait que mon éducation se fasse dans le foyer familial mais aussi à travers l'école, à travers les livres, le sport, la musique, les voyages...

Aujourd'hui, même si je n'ai pas suivi à la lettre la vision du monde de ma mère, tant que je fais quelque chose que j'aime, que je ne trahis pas qui je suis ni mes principes, je sais que ça ne la dérange pas.
Elle venait d'ailleurs, avec d'autres codes, et s'est intégrée à une culture qu'elle ne connaissait pas.
Moi, je suis née dedans.

qui SUIS-JE ?
MON ABÉCÉDAIRE

H COMME HEUREUX MÉLANGE

Je suis allée à l'école en France. Ma mère a donc conscience que ce pays est dans mon ADN plus que dans le sien, que j'ai grandi dans un autre endroit qu'elle et que j'ai mes propres valeurs : un heureux mélange des traditions.

Et ce mélange est encore plus riche que la simple rencontre entre deux pays. Nous avons vécu – et vivons encore – entourés de gens d'autres couleurs, d'autres origines, d'autres religions... Ma mère sait que c'est aussi ça qui m'a construite, que cela guide ma perception des choses. Quant à ma première langue, celle que je parle le mieux, c'est le français. Mais, maintenant, je parle tellement bien le malinké que certaines personnes, en Guinée, pensent que je suis née là-bas. Je m'exprime aussi très facilement en anglais.
Tout ça, c'est grâce à mes parents. Je ne les remercierai jamais assez de s'être dit, alors que nous étions tout petits, qu'il fallait tout de suite nous faire découvrir le monde.
Car le monde ne devait pas s'arrêter à notre quartier ni à notre pays.

Q COMME QUARTIER

Grandir dans des quartiers populaires et dans des zones d'éducation prioritaire, ce n'était pas un problème, et ce n'est pas un handicap.

Habiter là-bas, ça faisait partie du jeu. Nos parents nous élevaient avec les moyens qu'ils avaient, comme ils le pouvaient. Cela ne devait pas être pris comme un malheur. Et ça n'en était pas un. Ils allaient faire en sorte que ma sœur, mon frère et moi devenions des gens bien, avec simplicité.

Le quartier,
ce n'est pas une fatalité.

Soyons honnêtes, c'est plus difficile qu'ailleurs. On y fait face à une forme de précarité qui n'existe sans doute pas dans les arrondissements riches, mais que l'on peut retrouver dans certains petits villages en France. Des endroits reculés dans le sud ou dans le nord du territoire - près de Roubaix, par exemple.
Chez nous, c'est vrai, il y a eu des moments compliqués, d'un point de vue financier. Des moments où mes parents ne pouvaient pas forcément m'acheter la dernière paire de Nike ou d'Adidas. Je n'étais pas mal lotie pour autant, je n'ai jamais manqué de rien. Et, à la fin, j'avais mes nouvelles baskets (même si, j'avoue, ça dépendait beaucoup des résultats scolaires) !
Je me souviens de mon père nous disant : « Bon, c'est pas la dernière, mais c'est Nike ! » Et ça, c'est noble. Et tellement respectable !

Mes parents ont quand même quitté tout ce qu'ils avaient pour recommencer à zéro, ici. Est-ce que je serais capable, moi, d'abandonner tout aujourd'hui pour une nouvelle vie, un nouveau combat ?
Mon père est arrivé ici en 1972. Il a suivi un cursus scolaire à l'université et a choisi de devenir professeur de mathématiques (ce qui ne m'a pas empêchée d'être une bille en la matière). Ma mère l'a ensuite rejoint et est devenue aide-soignante.
Un panier moyen mis au service de grandes œuvres : éducation, respect, dignité, la famille.

À la maison, nous sommes cinq. Ma place de cadette n'est pas toujours facile car je suis un peu coincée au milieu. Toutefois, grandir entre une grande sœur et un petit frère donne le sens de l'obéissance et des responsabilités. Une fois l'équilibre trouvé, c'est très vertueux !

qui
SUIS-JE ?
MON ABÉCÉDAIRE

R COMME RESPONSABILITÉ & RESPECT

J'ai un grand sentiment de responsabilité envers mon frère, ma sœur et ma mère.

Ma grande sœur, c'est comme ma mère. Elle a seulement quatre ans de plus que moi mais c'est comme ça, chez nous. Le respect des aînés, c'est capital. Même un an, une seule année de différence, c'est beaucoup ! La plus âgée de mes cousines l'est à peine plus que nous, et on l'appelle tous « umkoro » – ça veut dire « grande », pour « grande sœur » (« umkoro doussou »).
Ses frères et sœurs, les miens et moi, on l'appelle donc comme ça.
J'ai vu ma mère appeler ses aînés *umkoro*, j'ai vu les aînés de ma mère appeler leurs aînés *umkoro*.
Si tu respectes ceux qui sont venus avant toi par principe, ça va automatiquement signifier pour toi qu'il faut prendre soin d'eux.

Ils prennent soin de nous, on prend soin d'eux.

qui SUIS-JE ?
MON ABÉCÉDAIRE

Nos aînés se préoccupent de nous en permanence, s'assurent que l'on va bien. Physiquement et mentalement. Ils nous « sortent », nous emmènent ici ou là. Ils nous éduquent, eux aussi. C'est tellement important pour eux que si l'on en vient à faire une bêtise, ils le prennent presque personnellement.
Certains diront : « C'est pas ton fils ! »
Et moi, je répondrai : « C'est pas mon fils mais c'est mon petit frère – c'est pareil ! »

Et puis, les parents, ils couveront leurs enfants jusqu'à la mort. Ma grand-mère, par exemple, appelle encore ma mère « *my baby* ». Un lien extrêmement fort qui, je pense, a été amplifié par le fait qu'elle ait perdu deux enfants sur dix, mon oncle et ma tante. Peu importe l'âge de l'enfant qui disparaît, la douleur est toujours immense.
Ma mère a donc hérité de ce rapport intense aux enfants. J'ai 28 ans et, pour elle, j'en ai la moitié. Ce qui ne l'empêche pas, à côté de ça, de me traiter en femme responsable.

« Tes factures, tu les payes. »
« Ton travail, c'est un engagement, tu y vas. »
« Tu as promis, tu honores ta promesse. »
« Tu as dit ça, tu le fais. »

Si j'habite encore chez ma mère, c'est parce que je n'ai pas envie qu'elle soit seule. La relation qu'on a est très fusionnelle, donc c'est dur de couper le cordon. Pour l'une comme pour l'autre.
Mon petit frère est là aussi. Il est jeune, fougueux, il est « frais », c'est un beau gosse ! Mais ça ne l'empêche pas d'avoir cette sensibilité et cet amour pour ma mère, car avant tout c'était de la transmission. Du coup ça ne l'empêche pas de prendre soin de ma mère à sa façon.
Mais ce n'est pas tout à fait pareil, et, si je pars, ça va faire un grand vide pour ma mère.

qui SUIS-JE ?
MON ABÉCÉDAIRE

Aujourd'hui (et aussi longtemps que je le pourrai), je fais en sorte de passer un maximum de temps avec elle quand je ne travaille pas (ce qui est très rare).
Dans ma culture, une femme ne quitte pas le foyer tant qu'elle n'est pas mariée. Pourtant, je sais que ma mère me laisserait partir sans ça. Parce qu'elle a confiance en moi et elle sait que je prendrai mes responsabilités (je paierai mes factures, je me débrouillerai toujours).

Pour le moment, je suis chez elle et elle ne me demande rien. Pas d'argent. Une chose, toutefois : je dois être là et je dois l'écouter, car elle parle toujours dans mon intérêt.

Et quand je partirai, si elle se sent seule ou qu'elle est malheureuse, elle viendra avec moi. Elle aura son propre appartement, elle continuera à vivre sa vie de femme émancipée, mais elle sera près de moi. Elle pourra venir à la maison quand elle voudra, y dormir ou rentrer. Elle ne sera pas toute seule.
Mon mari sera briefé.
Ma mère est tellement discrète qu'on ne la remarque même pas. Elle reste dans son coin, elle ne parle pas ; la discrétion incarnée. Cette femme ne cherche pas les ennuis.
Son défaut, c'est tout de même la curiosité. Ma mère est une petite curieuse. Mais sans la moindre méchanceté, jamais. Elle est profondément gentille, très courageuse, une excellente cuisinière qui revient de loin, qui a vécu énormément de choses.

qui SUIS-JE ?
MON ABÉCÉDAIRE

S COMME SACRIFICE

Mon père est rentré d'Afrique, et il s'est installé chez nous, alors même qu'ils n'étaient plus mariés avec ma mère. Elle voulait que ses enfants grandissent avec une figure paternelle. Je trouve ce sacrifice incroyable. Nous, on ne savait rien. La pudeur des démonstrations, chez nous, c'était la norme. Alors on n'a pas vu la différence. Mon père tenait son rôle, il s'occupait de nous et de ma mère malgré tout. Et pour mes parents, c'était « les enfants d'abord ». Là-dessus, ils étaient raccord. Elle lui donnait donc la possibilité de s'occuper de nous, et il le faisait bien. Sur la table, il y avait toujours à manger. Ils continuaient à faire tous les efforts du monde pour nous.

« Tu veux aller là ? On se cotisera. Tu veux avoir ça ? On se cotisera. »

Ensuite, mon père est tombé malade. Il a fait deux AVC successifs. L'un a été sans conséquence, l'autre a mené à la paralysie totale. Il a vécu ainsi, sur un lit d'hôpital, pendant sept ans, de 2013 à 2017. Sans pouvoir communiquer, sans pouvoir bouger.
Sauf une fois. En 2017, mon père a vaincu sa paralysie pour du Coca. La canette était en face de lui, sur sa tablette. Il tentait d'appeler le personnel désespérément et personne ne venait. Alors il a tendu la main, et il s'est servi.

Tout le monde s'est dit : « C'est un ouf. »

MON ABÉCÉDAIRE

Puis, en août 2020, mon père est mort d'un cancer. Cela mettait fin à sept années éprouvantes pour lui, qui fut si courageux, et pour nous tous.

Pendant la maladie de mon père, ma mère est restée auprès de lui sans jamais le laisser tomber. Jusqu'à ces derniers instants, elle a été là.

C'est une femme vraiment extraordinaire, et il le savait.

Quand je pense à mon père et ma mère, à ce qu'ils ont vécu et à la manière admirable dont ils l'ont vécu, j'arrête de me plaindre tout de suite.

V COMME VANNEUSE

Quand j'étais adolescente, j'étais un garçon manqué. Parce que grandir dans certains milieux demande de savoir se protéger, de savoir s'imposer. Et ça, c'était, ma carapace. Je ne voulais pas qu'on puisse voir en moi la moindre faiblesse. Attention, je n'étais pas du tout méchante ! Juste ferme. Une populaire gentille, je dirais. Et si quelqu'un avait la mauvaise idée de manquer de respect à mes amis ou à moi-même, il le regrettait très vite. Je sortais tout de suite mon arme de destruction massive, celle qui suscitait l'admiration et la crainte : les vannes. Mon grand atout, c'était l'autodérision. Peu en étaient pourvus. Avec le recul, je me rends compte que c'est sans doute cette force qui m'a permis d'échapper à la violence de certains propos sur ma couleur, sur mes cheveux.
Alors que moi, je faisais des blagues sur des choses concrètes et non innées – sur les baskets, par exemple. Mais ça faisait tout aussi mal, je pense. Parce que l'un me renvoyait à ma couleur de peau, quand, moi, je le renvoyais à sa précarité.

qui SUIS-JE ?
MON ABÉCÉDAIRE

Je crois qu'au fond, je me voyais comme la belle rebelle.
Ma sœur était encore plus belle. C'était un canon. Elle me donnait l'immunité parce qu'ils la kiffaient tous.
« Ton frère, sur MSN, il envoie des wizz à ma sœur donc va t'asseoir. »

J'ai toujours voulu faire rire les gens, c'est indubitable. Puis après les vannes est arrivé le théâtre. C'est là que j'ai fait mes débuts « officiels », encouragée par une professeure, à l'aube de mes 18 ans. Et, à côté de ça, mon entourage me poussait à m'inscrire sur les réseaux pour rendre mon humour public. Le concept m'était plutôt inconnu, je ne savais pas trop où j'allais, je voulais juste faire des blagues.
Alors si tu te demandes comment je suis devenue si populaire sur les réseaux, la réponse est la suivante : ça m'est tombé dessus.

Je suis une blagueuse. Depuis toujours et pour toujours.

Et comme je le disais plus haut, l'autodérision est ma force. Si un homme vient me dire que je suis moche, je vais lui répondre avec tellement d'assurance que ça va se retourner contre lui. Il ne m'aura pas : c'est non ! Je garderai la face.
« Et ta calvitie, on en parle ? Montre tes pieds, pour voir ? »
« T'es conscient que je peux jouer au basket avec ta dignité ou pas ? »

Ça n'a pas été facile de convaincre mes parents de me laisser faire ce métier. Ils restaient sceptiques parce qu'ils n'avaient pas prévu que je fasse toutes ces études pour finir clown.
« C'est hors de question. Tu vas étudier, comme tous tes frères et sœurs ! »
« C'est pas pour nous. »
« Tu veux qu'on te raye du livret de famille ou... ? »
Mais j'avais, en quelque sorte, déjà fait mes preuves et acquis une certaine sécurité grâce à mes diplômes.

qui
SUIS-JE ?

TEST

Quel genre de vanneur(se) es-tu ?

1 — Quelqu'un te fait une remarque désagréable sur ton physique, tu lui réponds :
A. « Depuis qu'elle a accouché, ta mère fait la gueule. » ★
B. « T'es tellement moche que les miroirs sont interdits chez toi. » ■
C. « Oui mais moi, mon pull, au moins, il a une capuche. » ●
D. « Ça, c'est méchant, par contre. » ✶

2 — Tu te fais contrôler dans les transports sans ticket, que dis-tu au contrôleur ?
A. « Et vous, vous avez un ticket ? » ■
B. « Pardon, monsieur. » ✶
C. « À défaut d'avoir un ticket de métro, je peux avoir un ticket avec vous ? » ●
D. « C'est moi, le ticket. » ★

3 — Ton ex t'envoie un texto après t'avoir trompé(e) pour te récupérer, tu réponds :
A. « Tu m'avais tellement manqué ! On se voit quand ? » ✶
B. Tu envoies la photo de ton nouveau mec/ta nouvelle copine et toi. ■
C. « Tu hors de ma vue. » ●

qui SUIS-JE ?

D. « L'erreur (être sortie avec toi) est humaine, mais je ne la referai pas. Signé Fatou de Maupassant. » ★

4 — Tu es à un repas de famille, le plat de Tata est raté et tout le monde s'en rend compte. Que dis-tu pour détendre l'atmosphère ?
A. « Eh, Tata, la cuisine, c'est comme le rap, c'est pas obligatoire. » ■
B. « Toi, t'as trop regardé *Cauchemar en cuisine*. » ●
C. « J'adore la cuisine mais je ne pratique pas ce sport parce que ça peut être dangereux. » ★
D. « Euh… c'est super bon. » ✴

5 — Tu es dans l'avion et les démonstrations de sécurité sont en cours. Que dis-tu en voyant les gestes effectués ?
A. « Apparemment, le bar est dans le fond de l'avion. » ●
B. « J'ai rien compris. » ✴
C. « C'est un check ? » ★
D. « Tu crois que j'ai jamais pris l'avion ? » ■

Résultats

Si tu as une majorité de ★ :
Tu es le roi/la reine de la punchline, bravo !
L'art de la punchline ÷ autodérision × positivité = prendre la vie du bon côté. *Enjoy and feel the moment !* Tu sais t'adapter, tu peux affronter toutes les situations et tracer ta route. Continue comme ça !

Si tu as une majorité de ● :
Tu es un chouïa beauf, et on aime ça !
Les références de tonton ÷ second degré × pas de pression = pouvoir dire les choses en toutes circonstances.
Tu sais dire quand ça va pas, avec ce petit style décomplexé qui détend tout le monde. Continue !

Si tu as une majorité de ■ :
Tu es mi-culotté(e), mi-rageur(se) : tu peux faire mieux !
Humour - amour = efficacité.
Tu es super drôle mais au détriment des autres. Plus d'amour, un soupçon de sang-froid, et tout ira mieux !

Si tu as une majorité de ✴ :
Tu agis en victime : aime-toi et ose !
Courage + sincérité + amour + humour = vivre heureux.
Ne laisse pas les autres te dicter ta vie. Sois maître de tes choix et de tes décisions et accepte de chercher ton bonheur, pas celui des autres !

CHAPITRE 1

qui **SUIS-JE ?**

~~Influenceuse, moi ?~~

Créatrice de contenu !

CRÉATRICE DE CONTENU

Je ne suis pas une influenceuse !

Les gens qui me suivent depuis 2018 ne le font pas parce que je suis passée à la télévision et ne cherchent pas à être « influencés » par ce que je partage avec eux. Ils me suivent parce que je crée du contenu et, si je n'en crée plus, ils se désabonnent.
J'ai mis du temps à créer cette précieuse communauté, que je remercie chaque jour d'être là. Je lui suis redevable, je me dois de lui exprimer régulièrement ma gratitude. Les gens ne sont jamais acquis !

Rêve de grand écran

Ce qui m'animait et nourrissait le feu en moi, c'était mon désir de faire du cinéma. Problème : je ne connaissais personne dans le milieu. Alors j'ai décidé que j'allais me faire connaître toute seule : je me ferais repérer grâce aux réseaux sociaux.

Comme tout le monde, j'ai ramé au début, bien sûr. Ce n'était pas facile.

Et parfois, contre toute attente, je rame encore, mais ça fait partie du métier.

qui SUIS-JE ?
CRÉATRICE DE CONTENU

Le théâtre m'avait montré que jouer était ma passion, et peut-être aussi mon talent. J'ai donc commencé à faire des vidéos dans lesquelles je me mettais en scène, filmée par quelqu'un. On les montait, on les mettait en ligne. C'est tout.

Du moins, c'est ce que je pensais.

Un monde inattendu

Mais à force de persévérance, ma communauté a commencé à devenir de plus en plus en grande.

Et puis, assez rapidement, mes abonnés se sont mis à me demander régulièrement où j'avais acheté tel vêtement, tel outil de maquillage, tel accessoire… Je leur répondais en toute transparence, quelle que soit la marque. Tu me demandes où j'ai acheté mon pull, je te dis où j'ai acheté mon pull.

Un jour, une marque m'a contactée, puis une autre, puis encore une autre… Quand j'ai découvert que je pouvais non seulement gagner de l'argent avec ce métier mais aussi en vivre très correctement, j'ai été très surprise. Ce monde était encore flou pour moi – je n'y connaissais rien, ou pas grand-chose – et je ne m'y attendais absolument pas.

CRÉATRICE DE CONTENU

Le placement de produits

Les marques qui se sont adressées à moi m'ont dit qu'elles aimaient ce que je faisais et m'ont proposé des partenariats. C'est là que j'ai compris de quoi il retournait. Avant, je n'en avais aucune idée.

C'était donc ça, le « partenariat » !

Ma visibilité et mon contenu étaient devenus une force, un levier d'action. Elles me permettaient de recevoir gratuitement des produits à promouvoir, et même d'être payée pour le faire.

Joindre l'utile à l'agréable

Après avoir accepté de nombreux partenariats sans percevoir de salaire (même si je le faisais de bon cœur à chaque fois), j'ai fini par me rendre à l'évidence : il fallait que j'exige plus. J'avais arrêté mes études et mon alternance, je ne faisais plus rentrer d'argent, je vivais logée et nourrie par mes parents. Pourtant, rassembler des milliers de gens, leur offrir du contenu de qualité sans les décevoir, rémunérer un caméraman, investir dans du matériel, prendre du temps pour écrire et trouver sans cesse de nouvelles idées... tout ça, je l'offrais gratuitement aux marques sans demander mon dû !
Désormais, chacune d'elles allait devoir me payer.

qui
SUIS-JE ?

CRÉATRICE DE CONTENU

Oser

C'est en parlant avec des collègues que je me suis rendu compte que je demandais des sommes dérisoires. Ils gagnaient parfois dix fois plus d'argent que moi pour un partenariat comparable !

À ce moment-là, j'ai compris que c'était à moi d'exiger des sommes plus importantes et que les marques s'y attendaient. Je n'allais choquer personne !

qui
SUIS-JE ?

CRÉATRICE DE CONTENU

L'entrée en agence

Je suis entrée fin 2019 en agence. La mienne s'appelle Smile Conseil et a littéralement tout changé car, quand on rejoint une agence, on découvre une autre dimension du milieu. Les gens qu'on y rencontre connaissent leur métier sur le bout des doigts, maîtrisent les tenants et les aboutissants de chaque situation. Quelle que soit la marque, ils agissent en intercesseurs pour nous – dans notre intérêt, toujours –, avec la défense de nos droits pour gouvernail.

Tout devient plus structuré. Un talent manager (TM) s'occupe de toi au quotidien et t'aide à effectuer ton travail.

Exemple : Si je dois produire un contenu pour Amazon, mon TM et moi allons prendre le temps de réfléchir ensemble à quelque chose qui me ressemble et reste fidèle à ce que je propose habituellement tout en respectant le brief de la marque.

Des professionnels face à d'autres professionnels : voilà qui permet d'inverser la tendance, le rapport de force.

Pour ton choix d'agence, si tu es créateur : ne te précipite pas. Choisis une agence qui te correspond, qui va te faire évoluer et qui croit réellement en toi… Une agence avec qui tu partages les mêmes principes et les mêmes valeurs. C'est très important.

qui
SUIS-JE ?

CRÉATRICE DE CONTENU

Sur la base de la sincérité

Les marques avec lesquelles je signe des contrats et auxquelles je donne de la visibilité sont des marques que j'apprécie vraiment, à 100 % du temps. Ça me fait plaisir d'être rémunérée pour des produits que j'utilise déjà ou par des marques que je connais. Gagner de l'argent grâce à des entreprises ne doit pas être tabou si on estime celles-ci (je le dis à chaque fois, d'ailleurs : « partenariat rémunéré »). En revanche, je n'accepterais aucun contrat qui me demanderait de changer ce que je suis, de renoncer à mes valeurs.

Et puis, la relation qu'on noue avec les marques est aussi humaine : on se rencontre, on discute, on crée même des affinités... ce qui rend la mission encore plus agréable et peut parfois donner envie de faire plus que ce que l'on me demande. Et, souvent, la volonté de bien faire les choses est mutuelle !

qui
SUIS-JE ?
CRÉATRICE DE CONTENU

Dérives

Énormément de créateurs de contenu ont dû se battre pour constituer leur communauté et pour pouvoir vivre de leur passion. C'est à mon avis quelque chose de très respectable : c'est un métier qui a bénéficié à une jeunesse qui avait besoin de *role models* auxquels elle puisse vraiment s'identifier.

La plupart des créateurs de contenu ne sont pas des *nepo babies*, des « enfants de », mais des gens du peuple, ce qui crée une proximité immédiate. C'est ainsi que naît ce que l'on appelle la « relation de confiance avec les communautés », relation qui donne envie aux abonnés de se procurer les produits mis en avant par les créateurs.
C'est donc la responsabilité de ces derniers de s'assurer qu'ils travaillent avec des marques fiables et responsables. Il existe même des diplômes pour ça. Alors, quand je vois que sont souvent mélangés les créateurs de contenu et ceux que l'on désigne aujourd'hui comme les « influvoleurs », cela me dérange. Je suis donc très contente que des régulations soient faites et des sanctions appliquées, car le vol et l'abus de confiance ne sont pas acceptables.

Vous n'avez pas le droit de tromper le consommateur sur un produit que vous lui vendez.
Vous n'avez pas le droit de voler ouvertement des gens qui vous font confiance à travers des codes promo.
Vous n'avez pas le droit de présenter des produits qui, vous le savez, n'arriveront probablement jamais à destination.

Vous devez impérativement connaître le commerçant avec qui vous travaillez car il ne faut pas oublier une chose : certes, ce que l'on porte et ce que l'on mange intéresse mais les gens sont avant tout là pour votre contenu. Le reste est censé être seulement accessoire.

qui SUIS-JE ?
CRÉATRICE DE CONTENU

L'UMICC

Je fais partie du conseil exécutif de l'Union des métiers de l'influence et des créateurs de contenu (UMICC), présidée par Carine Fernandez. Le but de ce syndicat, fondé par sept agences majeures (dont la mienne, Smile Conseil), est de permettre à tous les professionnels du secteur de connaître l'ensemble de leurs droits et de leurs devoirs, tout en donnant aux pouvoirs publics les moyens de faire des réformes qui iront dans le sens d'un développement vertueux des métiers de l'influence et des créateurs de contenu.

Avoir confiance en soi en 6 leçons

Leçon 1

Être soi-même, être naturel (le), ne pas jouer un rôle pour plaire aux autres.

Leçon 2

Préserver sa santé mentale : éloigner les gens toxiques et s'entourer de gens bienveillants.

Leçon 3

Accepter d'aller mal parfois (cela ne veut pas dire que tu es faible !).

Leçon 4

Écouter ses envies.

Leçon 5

Savoir se féliciter du moindre succès.

Leçon 6

Prendre soin de soi !

CHAPITRE 1

qui SUIS-JE ?

Le *skin care* et le maquillage : les fondamentaux

qui
SUIS-JE ?

SKIN CARE ET MAQUILLAGE

Formules magiques

Peau grasse ? Peau sèche ? Peau acnéique ? À chaque peau sa formule. Cela dépend aussi du rendu souhaité : maquillage de jour léger ? Maquillage sophistiqué ? Je pense qu'il y en a pour tous les goûts !

Vous pouvez utiliser des petites bb cream pour des maquillages légers de jour, par exemple, et des fonds de teint plus couvrants et qui tiennent plus longtemps pour les maquillages plus sophistiqués.

Mais avant même cette étape, il faut avoir un excellent *skin care* – ce que beaucoup de personnes négligent. Pourtant, c'est essentiel !

Pour avoir une belle peau en apparence, il faut tout faire pour qu'elle le soit en profondeur.

C'est la raison pour laquelle prendre soin d'elle est capital.

Comment ? Il faut absolument laver sa peau matin et soir à l'eau et au savon, avant d'appliquer une crème hydratante. Par ailleurs, ne pas hésiter à faire des soins du visage plus longs et plus ciblés, chez soi ou dans un institut !

qui
SUIS-JE ?

SKIN CARE ET MAQUILLAGE

Ma routine beauté

Matin

1. Je me lave le visage au savon de noir de Guinée.

2. Je me rince le visage à l'eau fraîche, puis le sèche, et masse ma peau pour la réveiller.

3. J'applique ma crème de jour ou la nouvelle gamme Revitalift, de L'Oréal.

4. J'applique une base hydratante.

5. J'applique mon fond de teint L'Oréal (soit Accord Parfait soit *Underwear*).

6. J'applique de l'anticerne Tarte.

7. J'applique ma poudre translucide Laura Mercier.

8. Je mets du crayon pour les sourcils Sephora, le mascara Telescopic Lift de L'Oréal, et du rouge à lèvres Color Riche de L'Oréal.

Soir

Démaquillage rigoureux obligatoire : la peau doit respirer !

À mon sens, le *skin care* est encore plus important que le maquillage. Avoir une belle peau au naturel ravive la confiance en soi. C'est ce qui compte le plus !

CHAPITRE 2

les ÉVÉ-NEMENTS *phares*

les ÉVÉ-NEMENTS *phares*

Sommet pour un nouveau pacte financier mondial

Récemment, je suis allée au sommet pour un nouveau pacte financier mondial, qui rassemblait cent vingt délégations d'État et d'organisation internationale, dont quarante chefs d'État. On m'a demandé d'y aller afin que je mette à disposition mes réseaux et que j'en parle à ma communauté pour la sensibiliser à cette cause.
Tant de choses ont été dites ! Le propos qui m'a le plus marquée, je m'en souviens, c'est celui du président égyptien, Abdel Fattah al-Sissi. Il montrait à quel point il était difficile pour un pays en développement comme le sien de répondre aux exigences écologiques des grands tout en préservant la croissance économique de son pays. Cela m'a fait comprendre que la bonne volonté ne fait pas tout et que la situation est infiniment complexe : il y a tellement de paramètres à prendre en compte !

les ÉVÉ-
NEMENTS
phares

CANNES

La première fois que je suis allée à Cannes, c'était avec Instagram et c'était méga cool. En 2023, j'y suis retournée avec L'Oréal Paris et c'était magique. J'ai pu y faire plein de rencontres, participer à des super événements et découvrir encore plus l'univers de Cannes. J'ai aussi été invitée à la soirée prestigieuse Light on Women, avec toutes les égéries internationales – mais pas que. J'avoue, c'était impressionnant. L'année dernière : masterclass. L'organisation du festival était parfaite, l'équipe L'Oréal, adorable, à l'écoute et efficace. La marque avait privatisé toute la Villa L'Oréal pour moi ! J'étais entourée d'experts de la beauté qui m'ont partagé leur savoir (et pourtant, j'en connais déjà énormément, sur le maquillage !).

les ÉVÉ-NEMENTS *phares*

Défilé L'Oréal

L'Oréal m'a donné tellement de belles opportunités (comme je l'ai dit plus haut, il y a eu Cannes à deux reprises – même si j'y étais déjà allée auparavant) !

Ce défilé m'a fait stresser, je ne vais pas mentir. Je n'avais jamais fait ça de ma vie (surtout pas sous la tour Eiffel) ! Fouler le podium au pied du symbole de Paris, vous imaginez ? Alors, comme avec le théâtre quelques années auparavant, comme à chaque fois que j'en ai l'occasion, j'ai cherché à me dépasser, à diversifier encore un peu plus ma panoplie. Et le résultat a vraiment constitué pour moi un *game changer*, il a changé la donne ! Défiler devant les yeux emplis de fierté de ma mère, c'était tellement fort !

Une fois sur le podium, on pourrait croire que je suis très à l'aise. Mais ça, c'est parce que juste avant, en coulisses, on m'a gonflée à bloc : « Fatou, c'est ton moment, arrache tout ! »
C'était fou de défiler au côté de Viola Davis ou d'Andie Macdowell, je n'en reviens toujours pas !

Et ma Glam Team a fait un travail incroyable : mes maquilleuses et coiffeuses sont trop puissantes ! Elles ont insisté pour me faire un carré et elles ont eu tellement raison ! Cette coupe, c'est la meilleure décision de ma vie.

Voilà un truc que je pourrai raconter à mes enfants : « Votre mère a été top model d'un soir au pied de la tour Eiffel. »

CHAPITRE 3

des CAUSES à DÉFENDRE

CHAPITRE 3

des CAUSES à DÉFENDRE

L'environ-
nement

« Penser aux autres, c'est penser à la planète, et inversement. »

L'ENVIRONNEMENT

L'écologie au sein du foyer

Chez moi, ma mère était très économe. On recyclait automatiquement tout ce qui pouvait l'être : vêtements, sac, boîtes... S'ils étaient en bon état, on renvoyait les vêtements dont on ne voulait plus à nos cousins en Afrique. Les sacs de courses n'étaient pas achetés deux fois. On les usait jusqu'à ce qu'ils soient trop abîmés, alors on les transformait en sac-poubelle. Et le gaspillage alimentaire n'était pas une option !

Un classique : la boîte Carte d'Or tout juste terminée était remplie de piments ou de sauce le lendemain ; c'était normal.

Je crois intimement que le rapport à l'environnement et à l'écologie commence à la maison. Littéralement. Parce que « éco- » veut dire « maison, habitat » et que « -logie » veut dire « discours », le premier discours qu'il faut prendre en compte, c'est celui qu'on tient chez toi. C'est enseigner aux enfants à penser à autrui, à ne pas être individualistes et égoïstes.

Penser aux autres, c'est penser à la planète, et inversement.

Aujourd'hui, je sais que j'ai encore du chemin à faire, que je ne suis pas une experte dans ce domaine. Mais j'essaie de m'améliorer en approfondissant chaque jour mes connaissances et mes actions.

L'ENVIRONNEMENT

La faune

Avec l'association « On est prêts » et Brut, je suis allée – pour la première fois – dans le Vercors, un lieu magnifique à la faune préservée. Dès mon arrivée, le fait d'être dans un endroit où la nature a encore ses droits, où l'on n'est pas forcément maître de ce qui se passe autour de nous, m'a fait le plus grand bien. Les animaux sauvages sont tellement majestueux !

Cette réserve de 500 hectares garantit aux bêtes qu'elles ne seront pas chassées et interdit la coupe du bois. Rien de ce qui peut nuire à la faune, en somme, n'y est autorisé. C'est un lieu protégé, pour eux, rien que pour eux.

Le Hello Planet Film Festival 2023

J'ai la chance d'avoir été sélectionnée pour faire partie du jury de la deuxième édition du Hello Planet Film Festival,
un festival créatif, vertueux et engagé pour l'écologie.
Cette année, les participants doivent réaliser un court-métrage de 2 minutes et 15 secondes à partir de cette phrase : « De toutes les sources d'énergie, la chaleur humaine est la moins coûteuse... »

Ça vous évoque quoi, à vous ?

L'ENVIRONNEMENT

L'association Banlieue climat

Une autre initiative que je suis fière de soutenir ! Celle-ci, cofondée par Sanna Saïtouli, s'appelle Banlieue climat. C'est une association qui sensibilise et outille les jeunes (principalement des quartiers populaires) au climat, à la transition écologique et à la justice sociale. Cette association valorise les acteurs de terrain invisibles et les met en lumière.

En octobre dernier, j'ai coanimé une grande soirée (organisée par Banlieue climat) qui s'est déroulée à l'académie du climat, à Paris. On y a discuté des enjeux liés à la planète et de l'impact que ça peut avoir sur nous à travers des tables rondes... mais pas que ! Il y a aussi eu une très belle remise de diplômes sous le marrainage de Laurence Tubiana. Je me rappelle un point sur lequel nous étions tous d'accord : le recyclage a commencé dans les quartiers. La précarité mène clairement à l'écologie ; nous étions précurseurs !

CHAPITRE 3

des CAUSES à DÉFENDRE

Égalité des sexes

« Si tu veux porter un jean taille basse avec le string qui dépasse, c'est Ok ! »

L'ÉGALITÉ DES SEXES

Je souhaite que les femmes puissent accéder à des postes à haute responsabilité sans avoir besoin de l'accompagnement ou de l'aval d'un homme. Les femmes peuvent penser par elles-mêmes, doivent penser par elles-mêmes ; elles font partie, et ce au même titre que les hommes, des acteurs de notre société !

Ce qu'il faut, c'est de la justice, de l'équité et de la parité.

Pas de concurrence, juste de la solidarité. On est tous et toutes dans le même bateau !

Aujourd'hui, les femmes sont trop instrumentalisées, montées les unes contre les autres. Dans le monde du travail, dans celui de la beauté. On leur donne un idéal féminin auquel on attend qu'elles aspirent. Le même pour toutes.
Ce n'est pas normal. C'est trop violent.
Il en va de même pour les tenues féminines. Elles sont toujours la cible de commentaires et de critiques plus ou moins vives. « C'est trop court. » « C'est trop long. » Non ! Si tu ne veux pas dévoiler ton corps, c'est OK ! Si tu veux porter un jean taille basse avec le string qui dépasse, c'est OK ! Nous n'avons pas toutes la même confiance en nous, la même assurance. Pour certaines, être une femme, c'est un fardeau.
Il est temps d'alléger les choses. Il faut cesser la mise en concurrence permanente de toutes. Il faut que les femmes arrêtent de se comparer et d'estimer leur valeur à travers cette concurrence.
La beauté réside dans notre singularité. Nous devons à tout prix garder cette authenticité, la préserver et la chérir.

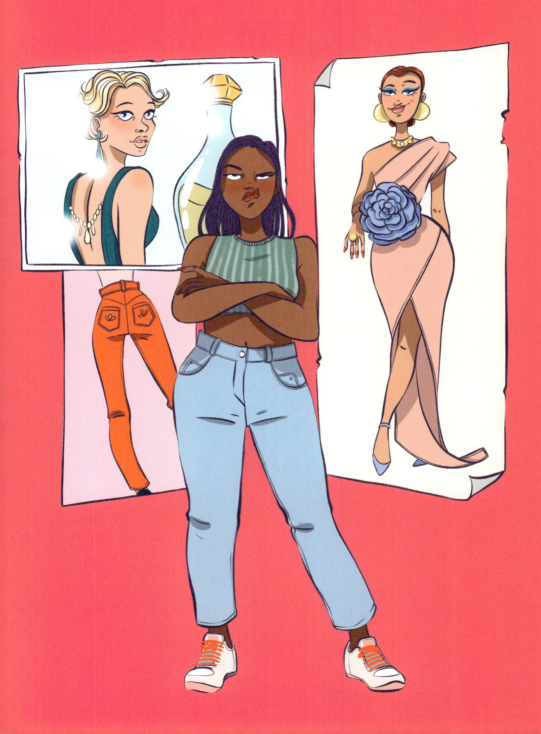

L'ÉGALITÉ DES SEXES

C'est là que commence l'amour de soi.

La rivalité se retrouve moins chez les hommes. C'est tant mieux pour eux, même si c'est injuste. En parallèle, on ramène les femmes à de petites choses, en prétendant que les hommes effectueraient les grandes. C'est faux.

On passe notre temps, en France, à discourir sur d'autres pays, en affirmant qu'ils ségrèguent les femmes, qu'ils sont en retard, qu'ils n'ont pas encore « compris ». Mais les inégalités et les discriminations existent ici aussi.

Ce qui s'est un peu amoindri, tout de même, c'est la discrimination raciale au sein de la discrimination sexiste. La Fatou que j'étais plus jeune n'avait pas de *role model* auquel s'identifier. Elle devait aspirer à être quelqu'un à qui elle ne ressemblait même pas.

Aujourd'hui, il y a des héroïnes noires.

Dans tout ça, l'éducation joue un rôle crucial. Il faut expliquer aux garçons qu'il n'y a qu'une seule manière de se comporter envers les femmes : avec le plus grand respect. Il faut les pousser à se mettre à leur place (encourageons l'empathie masculine !), leur inculquer des valeurs égalitaristes, leur transmettre l'histoire du féminisme… autant d'outils qui les détourneront de la tentation sexiste.

CHAPITRE 3

des **CAUSES**
à **DÉFENDRE**

La lutte contre le racisme

« Je suis noire, et j'en suis fière ! »

LE RACISME

Le racisme, c'est quoi ?

Commençons par une définition simple et efficace, celle du Larousse :

Idéologie fondée sur la croyance qu'il existe une hiérarchie entre les groupes humains, autrefois appelés « races » ; comportement inspiré par cette idéologie.

La discrimination par la couleur ou la religion crée une blessure dans le cœur des Français qui en sont victimes ou témoins. Parce que les Français noirs ou arabes, juifs ou musulmans, ne sont pas moins français que les autres. Le sous-entendre ou même seulement l'estimer est absurde et nourrit un climat délétère dont personne n'a envie.

LE RACISME

Qu'est-ce que ça veut dire, « black » ?

Le racisme, ça commence dans le langage.
Et « black », ça ne se dit pas.

« Noir », ce n'est ni un gros mot ni une insulte.

C'est une couleur de peau, au même titre que « blanc ». Je suis noire, et j'en suis fière.

« Tu es noire ? – Oui ! »

Employer ce terme n'est pas intrinsèquement raciste. Tout dépend de l'intention et de l'utilisation que tu en fais. Certaines personnes sont noir(e)s, c'est un fait.
Pourquoi employer des moyens détournés pour le dire ? Qu'est-ce que l'anglais vient faire là ?

« Black », c'est pas stylé !

Nombreux sont les gens qui croient bien faire en ayant recours à ce mot, mais ils se trompent. N'ayez pas peur d'utiliser les mots pour ce qu'ils sont !

CHAPITRE 3

des CAUSES à DEFENDRE

Le harcèlement scolaire

des CAUSES à DÉFENDRE

LE HARCÈLEMENT SCOLAIRE

J'ai eu la chance de ne pas vivre directement le harcèlement scolaire. J'ai été épargnée par mon caractère, je crois. Mais j'ai vu trop de gens en souffrir autour de moi, à commencer par mes nièces, qui ont été obligées – par la direction scolaire – de changer d'école alors même qu'elles étaient les victimes ! Les harceleurs sont restés. Quelle violence, pour les enfants de ma sœur ! Ce fut un vrai traumatisme.

Rappelons ici que, si tu es victime ou témoin de harcèlement scolaire, tu peux – tu dois ! – appeler le numéro suivant :

30 20

Ce numéro est gratuit et te permet d'être mis en contact direct avec des personnes bienveillantes et compétentes qui t'écouteront, te conseilleront et t'orienteront, quel que soit le sujet de ton mal-être, de ta souffrance ou de ton inquiétude pour toi-même ou pour autrui.

Le problème est universel et touche toutes sortes d'enfants.

TU N'ES PAS SEUL(E)

Si ça va moins bien, découpe-le et affiche-le dans ta chambre.

CHAPITRE 3

des **CAUSES**
à **DÉFENDRE**

Le har‑cèlement sur les réseaux

LE HARCÈLEMENT SUR LES RÉSEAUX

J'étais invitée pour la première fois à Cannes et ne savais pas trop comment m'habiller. Je n'avais pas forcément tous les codes, alors j'ai fait de mon mieux pour me maquiller et choisir une tenue à la hauteur de l'événement (il n'était pas question de passer pour une plouc)... Mais je n'avais pas compris que, là-bas, pour certains et surtout pour le public, fouler le tapis rouge était en fait plus important que tout le reste, alors que moi j'y allais avant tout pour découvrir un nouveau film.

Après la projection, je poste cette photo. J'étais super heureuse : j'étais à Cannes ! Mais à peine publiée, c'est le déferlement. Je me retrouve en top tweet, les gens sont en train de me terminer.

LE HARCÈLEMENT SUR LES RÉSEAUX

Je vous ai gardé un échantillon. Beaucoup de personnes ont supprimé leur commentaire pour se protéger d'une attaque en justice ou parce qu'elles avaient honte (à juste titre).

Je me souviens encore que, à l'époque, les gens étaient partagés. Il y avait les moqueurs (plus ou moins méchants) d'un côté et ceux qui me défendaient de l'autre. Ceux-là estimaient que j'étais la femme à laquelle on peut s'identifier et que le fait que j'en sois arrivée là devait susciter l'admiration, pas la jalousie. Car c'est bien de cela qu'il s'agissait. Ne pas aimer mon outfit ne justifiait en rien un tel déchaînement, d'autant que je n'étais pas la seule à avoir fait un fashion faux pas ! D'autres l'ont fait et c'est passé.

C'est assez aléatoire et ça peut commencer par une simple étincelle avant le déchaînement. Sauf que ce déchaînement, cette méchanceté par les mots, c'est du harcèlement.

Et le harcèlement, c'est très grave.

LE HARCÈLEMENT SUR LES RÉSEAUX

En ce qui me concerne, j'ai réussi à me dire que ce genre de comportements constituait la rétribution du succès. J'ai pris du recul pour ne pas souffrir. Mais tout le monde n'est pas en mesure de le faire et je crois qu'il faudrait agir pour que la loi soit plus dure envers ces agissements car ils laissent des séquelles et conduisent parfois au suicide.

Les effets néfastes du virtuel sont, eux, très concrets. Il faut en avoir conscience.

Il est nécessaire que les gens cessent, sous prétexte qu'ils sont derrière leur téléphone, de se sentir libres de s'adonner à la violence psychologique. S'ils me croisaient dans la rue, ils n'oseraient même pas venir s'adresser à moi – on ne sait jamais, ils pourraient se voir recevoir une gifle ! Les réseaux désinhibent les individus et leur donnent un sentiment de toute-puissance dont il faut que la société apprenne à calmer les ardeurs.

CHAPITRE 3

des CAUSES à DÉFENDRE

Les psys, c'est pas pour les fous !

« La question de la santé mentale est primordiale. »

LES PSYS, C'EST PAS POUR LES FOUS !

S'autoriser à aller mal

Quand j'étais plus jeune, la question de la santé mentale ne se posait pas. Je ne savais même pas ce que c'était ! J'allais bien, je mangeais à ma faim, je grandissais au sein d'une famille aimante, j'avais des amis fidèles, j'allais à l'école, je savais lire, je savais écrire, je voyageais... Aucun nuage à l'horizon !

Mais, en grandissant, je me suis rendu compte que la vie était plus compliquée : j'allais devoir accepter de ne pas aller bien parfois et prendre conscience, surtout, que ce n'était pas grave. Je suis un être humain, j'ai des émotions. Ne pas aller bien ne signifie pas que je suis faible ! C'est pourtant ce que j'ai longtemps pensé... Je croyais qu'il fallait que je me montre solide en toutes circonstances, contre vents et marées. J'avais peur que, à la moindre faiblesse, on m'attaque. Paraître inébranlable, c'était ma façon à moi de me protéger. J'avais décidé d'être un mur. Un jour, j'ai compris que je ne pouvais pas tout encaisser, que je ne pouvais pas tout subir ni accepter. J'ai commencé à comprendre qu'il était absolument normal pour tout le monde – sans exception – de traverser des moments difficiles et d'avoir besoin d'être écouté, d'être soutenu.

LES PSYS, C'EST PAS POUR LES FOUS !

Dans mon quartier, à l'époque, la plupart des gens considéraient que les psys, c'était pour les fous. Mais il ne faut pas confondre douleur psychique et folie ! Chacun peut avoir besoin de se diriger vers le cabinet d'un psychologue. Et moi, j'en ai eu besoin. Le chemin fut difficile à prendre, car j'avais peur de laisser entrer quelqu'un dans mon intimité, dans mon monde. Si je mettais ma carapace de côté, je prenais le risque, à mes yeux, de m'exposer à un grave danger.

Il y a quelques années, j'ai traversé une période particulièrement difficile. Je broyais du noir, j'étais abattue... j'allais mal. Je me sentais incomprise et j'avais le sentiment que je ne pouvais pas me plaindre. Les gens ne semblaient pas vouloir m'en donner la possibilité : j'avais tout pour moi, j'avais réussi, je me devais de ne pas flancher. Je n'avais pas le choix, je n'avais pas le droit.

Au bout d'un certain temps, pourtant, je me suis autorisée à aller voir un psychologue. Quelle bonne décision ! Au fur et à mesure des rendez-vous, j'allais mieux. Parler à une personne extérieure à mon cercle, à qui je ne dois rien (on ne parle jamais trop à un psychologue, on n'a pas peur de le blesser, de l'inquiéter, d'abuser de son temps), qui a pour seul but de m'écouter, de soulager ma douleur et mon anxiété, m'a fait le plus grand bien.

Durant les séances, je me sentais libre.

LES PSYS, C'EST PAS POUR LES FOUS !

J'étais comprise !

Après ce travail – car c'en est un – de fond, je me suis sentie bien à nouveau. Mais je n'aurais jamais entamé cette thérapie sans avoir accepté, au préalable, que j'allais mal. C'est la première étape ! Elle est cruciale. Je ne suis pas un cyborg et il est normal que, parfois, je craque.

Accepter que les autres aillent mal

Mettre la question de la santé mentale au centre, ce n'est pas encourager la victimisation. C'est être humain, tout simplement. C'est permettre aux gens qui croient devoir tout encaisser (jusqu'à exploser) de prendre soin d'eux.

Nous sommes des êtres humains, pas des superhéros ou superhéroïnes.

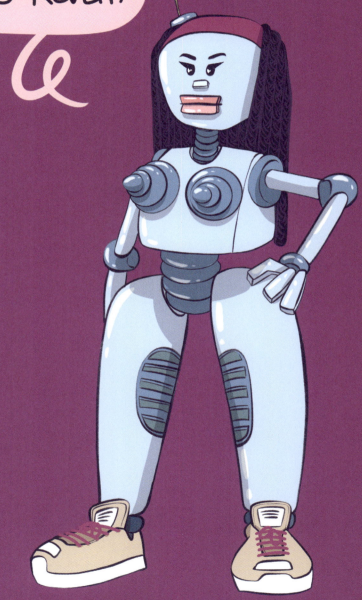

CHAPITRE 4

L'ENTRE-PRENEURIAT

L' ENTRE-
PRENEURIAT

Un moyen d'expression

L'entrepreneuriat, c'est un challenge. Et je veux lui donner un nouveau visage : celui d'une femme, celui d'une génération qui a beaucoup de choses à donner, beaucoup de choses à faire découvrir.

Les femmes ont tellement à dire, dans tous les secteurs ; à travers la nourriture, à travers l'écriture, à travers l'art sous toutes ses formes... Notre chance, c'est qu'il y a une infinité de façons d'être entrepreneur aujourd'hui, et autant de façons de s'exprimer !

Lorsque j'ai ouvert mon propre restaurant en 2023, par exemple, c'était un moyen de parler de mes origines, de les partager avec les clients. Je suis née en France, mes parents, en Guinée : à travers les plats d'Afrique de l'Ouest, je cherche à fédérer tout ça !

Marquer sa génération

Une chose est sûre, je ne changerai pas le monde. Mais je peux ajouter ma pierre à l'édifice, accomplir ma part. J'ai de la chance d'avoir une grande visibilité : je le vois comme une occasion en or de marquer ma génération, de faire un pas dans la bonne direction !

Sinon, à quoi ça sert ?

Si je ne m'engage pas pour de grandes causes, si je n'essaie pas de changer les choses...

Être connue, c'est aussi une responsabilité. La *fame* pour la *fame*, ça ne m'intéresse pas.

L'ENTRE-PRENEURIAT

Changer les rôles

Il n'est pas normal que, même dans les domaines que la société nous a attribués (celui du soin, par exemple), les postes importants soient presque exclusivement pourvus par des hommes. Et, alors que la femme est traditionnellement attendue en cuisine dans la vie domestique... elle y est éclipsée par les hommes dans le milieu professionnel. C'est un comble !
Attention, je ne dis pas qu'ils n'ont rien à faire là ! Je suis admirative de chefs comme Jean Imbert, Cyril Lignac, Cédric Grolet... Mais le secteur manque encore de femmes. Elles sont sous-représentées.

Associer d'où tu viens et où tu veux aller

Pour réussir à aller où on souhaite aller, il faut savoir d'où l'on vient. Sinon, ça ne fonctionnera pas. Il faut assembler les pièces du puzzle qui nous constitue, faire la somme de nos points de départ et de nos points d'arrivée. C'est ça qui donnera de très belles choses. Aujourd'hui, on peut être issu(e) de la diversité et marquer sa génération *via* l'entreprenariat.

L'importance de l'entourage

Il est essentiel de se constituer un entourage sain, aimant, solidaire, disponible et infiniment loyal. C'est ce qui te permet de vivre avec encore plus de joie les bons moments et de traverser avec force les moments difficiles !

L'ENTRE-
PRENEURIAT

Des exemples ?
Plein !

Gallo Diallo, originaire du Sénégal

En 2016, il a fondé l'agence Smile Conseil. Il s'occupe des créateurs de contenu comme moi pour les aider à développer leur notoriété auprès de communautés cibles. Son rêve, c'était d'entreprendre. Et il a réussi ! Il a aussi cocréé l'Union des métiers de l'influence et des créateurs de contenu (l'UMICC, j'en ai parlé au début du livre, p. 38) : 100 % associatif, 100 % bénévolat.
À travers des structures comme S Mouvement et par ses nombreuses actions sur le terrain, il redistribue ce qu'on lui a donné.

Dawala, originaire du Mali

C'est un producteur de musique extrêmement important qui a contribué à l'ascension de la musique urbaine en France avec son label Wati B. Il a sorti de l'ombre un tas de rappeurs que l'on adore ! Maître Gims (devenu « Gims »), Tiakola, Dadju, Sexion d'assaut, The Shin Sekaï, Tiakola et bien d'autres… c'est lui !

Kelly Massol, d'origine martiniquaise et guadeloupéenne

Avec les Secrets de Loly, elle a rendu encore plus simple le fait de se coiffer et a démocratisé l'amour du cheveux afro ou frisé. Une reine !

L'ENTRE-PRENEURIAT

LE 15 SEPTEMBRE 2023, J'OUVRE MON PREMIER RESTAURANT !

DJAAM
FRESH FOOD

Là-bas, on peut manger à sa faim ; ni trop ni trop peu. C'est un lieu pour bien manger et pour découvrir (ou redécouvrir) la cuisine ouest-africaine, sans dépenser beaucoup d'argent. Car la vie est plus chère que jamais.

Cette étape de l'entrepreneuriat, je veux la franchir en montrant que j'ai une ouverture sur le monde. Oui, je peux faire des choses « fancy » – des tapis rouges, des défilés, des grands dîners… –, mais je ne me limite pas à ça. Et heureusement ! Avec Djaam, je souhaite permettre aux gens qui n'ont pas forcément de grands moyens de venir. Il faut que la nourriture proposée soit abordable pour tous les portefeuilles : c'est très important pour moi !

Quel que soit l'endroit d'où tu viens, tu es bienvenu(e). Et le lieu où se trouve le restaurant est très bien desservi, ce qui est une de ses forces – personne n'a d'excuse pour ne pas venir goûter les plats succulents que j'y propose !

Pas besoin de vivre dans les beaux quartiers pour s'y rendre !

L'ENTRE-PRENEURIAT

Démocratiser la cuisine africaine

À mon sens, la cuisine africaine est encore sous-cotée. Pourtant, elle est tellement bonne et constituée d'aliments tellement sains ! L'igname, le gombo, la patate douce...

Aujourd'hui, Djaam, c'est plus qu'un restaurant. C'est un engagement, un lieu de rendez-vous. Plus que la dégustation de simples plats, je propose aussi de partager, le temps d'un repas, ma culture, la cuisine de chez moi ou de certains pays d'Afrique de l'Ouest. Et ça, pour moi, c'est super important.

Mon rêve, ce serait de retrouver la cuisine africaine dans les cantines les plus populaires de France... et très bientôt ! ☺

Quelques ingrédients de la cuisine d'Afrique

Attiéké

Semoule de manioc. Plus légère que la semoule de blé, elle est aussi un tout petit peu plus acide. C'est une spécialité ivoirienne délicieuse qui a l'avantage d'être sans gluten !

Fonio

Céréale d'Afrique de l'Ouest. Elle fait partie de la famille du blé mais a l'avantage, contrairement à lui, d'être sans gluten et particulièrement digeste !

Gombo

Fruit d'une plante tropicale, il ressemble un peu à un cornichon. On l'utilise comme légume et comme condiment en Afrique mais aussi en Inde et, de plus en plus, en Occident. Sa saveur assez douce fait penser à celle de l'aubergine.

Igname

Plante tropicale dont on mange, en Afrique, les gros tubercules farineux.

Riz

Le riz, omniprésent dans la cuisine africaine, est une céréale cultivée dans la plupart des pays du continent. En Afrique de l'Ouest, il constitue la principale source d'énergie alimentaire.

Couscous de mil

Le mil est une céréale peu connue en France mais elle devrait l'être ! Elle est délicatement parfumée, sans gluten et pleine de fibres. Sa semoule a l'avantage de cuire plus vite que la semoule de blé dur et, que les grains soient fins, moyens, ou gros... ils ne font pas de grumeaux !

CHAPITRE 5

ET *l'amour,* DANS TOUT ÇA ?

« *Aimer toujours, aimer bien.* »

ET
l'amour,
DANS TOUT ÇA ?

Un bienfait

Le sentiment d'amour, c'est un bienfait. Et le mot est choisi ! Aimer et être aimé, ça fait du bien. L'affirmation est simple, mais elle me paraît trop essentielle pour ne pas la répéter.

Il faut le cultiver sans le détourner, sans en faire mauvais usage. Car aujourd'hui, on s'en sert pour tout justifier. On justifie les inégalités avec l'amour, on justifie le sexisme avec l'amour, on justifie les coups avec l'amour. Alors que ce sentiment est extrêmement sain ! Il faut donc à tout prix empêcher quiconque de le pervertir !

Il ne faut pas non plus avoir peur d'aimer. Je comprends la crainte que cela peut susciter car on m'a toujours dit que, à rebours, il pouvait faire très mal. C'est un risque à prendre. Mais il faut se méfier de tous les revers ! Ils ne sont acceptables que si la douleur qui les accompagne est une « bonne » douleur, c'est-à-dire si elle constitue un passage nécessaire pour enrichir et consolider l'amour. Il faut savoir repérer la mauvaise souffrance quand elle émerge et faire appel à son cerveau en temps voulu (l'amour a tendance à le débrancher).

Aimer toujours, aimer bien.

Je crois que beaucoup de gens aiment mal. Sous couvert d'amour et de franchise, ils tiennent des propos violents et blessent l'être aimé. Une vérité qui fait mal, de temps en temps, oui. Mais pas toute la vie !

CHAPITRE 5

ET *l'amour,* DANS TOUT ÇA?

La famille

« Chez moi, on a tous grandi un peu les uns sur les autres et on s'est refourgué beaucoup d'amour. »

LA FAMILLE

La famille : le premier amour

La famille, c'est indépassable. (Je parle des familles saines comme la mienne, bien entendu. Je sais que certains vivent ou ont été élevés dans des environnements toxiques et sentent le besoin – heureusement ! – de les fuir.)

Mais, pour parler de ce que je connais, une famille aimante, c'est le cadeau d'une vie. Le plus important de tous. Parce que personne ne t'aimera jamais plus que ses membres ! Chez moi, on a tous grandi un peu les uns sur les autres et on s'est refourgué beaucoup d'amour. Le lien qui naît de tout ça est tellement fort, tellement sincère ! Ces personnes sont celles sur qui tu peux réellement compter, celles que tu peux réellement aimer sans te poser la moindre question.

Pas d'intérêt là-dedans, pas de calcul. C'est trop beau !

La famille ceinture ton existence et permet de maintenir ton équilibre. Que tu ailles dans une direction ou dans une autre, quels que soient le rayon et les raisons de cet éloignement, la famille est autour de toi, indéfectible. On fait notre vie au sein de ce cercle.

Libres mais ensemble. Coûte que coûte.

CHAPITRE 5

ET *l'amour,*
DANS TOUT ÇA?

———

L'amitié

« Les amis sont la famille que tu choisis. »

L'AMITIÉ

Une famille choisie

Nous n'avons pas tous la même définition de l'amitié. Mais quelle que soit celle-ci, il est forcément question d'amour.
C'est très personnel mais, en ce qui me concerne, je considère que l'amitié doit virer à la fraternité. Les amis sont la famille que tu choisis. Quel luxe, quelle chose incroyable !
Pour moi, si tu touches à un de mes amis, tu m'atteins en même temps. Je suis liée à eux.
Si mon ami(e) a un copain ou une copine, je ne développe aucune relation avec lui ou elle et ne lui parle que si on m'y autorise. Et si mon ami(e) a un conflit avec qui ce soit, je lui rentre dedans sans me poser de questions pour l'en sortir, peu importe qui a tort. Après je dis ma façon de penser mais pas devant les autres, car je préserve les gens.

Bref, mes potes passent avant tout !

Ce que l'on doit attendre de ses ami(e)s, c'est qu'ils et elles nous tirent vers le haut, pour nous faire devenir la meilleure version de nous-même et faire ressortir de nous toute notre richesse. Et ce que nous portons en nous de mauvais, nos potes doivent nous aider à l'enterrer, travailler dessus avec nous.
Rendre les gens meilleurs, c'est un travail commun.

ET *l'amour*, DANS TOUT ÇA ?

L'AMITIÉ

L'amour n'est pas sans risque

Les ruptures amicales peuvent être aussi douloureuses que les ruptures amoureuses. Elles peuvent même te faire souffrir davantage.
La dernière que j'ai pu vivre m'a fait beaucoup de mal, m'a véritablement et durablement peinée. Pendant longtemps, l'incompréhension a été omniprésente et m'a fait beaucoup pleurer. Avec le recul, je crois que c'est la jalousie qui a distillé son venin dans la relation – pourtant si forte et unique – que j'avais avec cet ami. En le perdant, j'ai perdu celui que j'appelais toujours en premier, quelle que soit la nouvelle. Pour annoncer les plus grandes joies comme les plus grandes peines. C'était mon pote de galère, celui avec qui j'ai grandi, celui que j'accompagnais dans toutes les étapes de sa vie et qui m'accompagnait dans les miennes. J'ai eu la sensation de perdre un membre de ma famille, il m'a brisé le cœur. C'était mon frère d'une autre mère. Je ne pensais pas que ça pouvait faire aussi mal.

L'amitié fille-garçon

L'amitié fille-garçon, bien sûr que c'est possible !
J'ai deux meilleurs amis, deux frères d'une autre mère : Yoni et Jason.
On a traversé tellement de choses ensemble ! Mais tomber amoureuse de l'un d'eux ? Ja-mais.

N'hésite pas à te séparer des gens qui se révèlent toxiques et te font du mal. Même si ça fait longtemps, même si vous partagez un passé ! Parfois, la personne dont tu étais le plus proche ne te correspond plus.

N'oublie pas que, derrière chaque malheur, un bonheur est enfoui.

Et à travers ce petit message je vais remercier mes frères et sœur d'une autre mère : Corinne, Imane & Yoni et Jason.

ET *l'amour*, DANS TOUT ÇA ?

L'AMITIÉ

TEST
Quel(le) pote es-tu ?

1 — Ton téléphone vibre, c'est ton/ta pote qui appelle, comment réagis-tu ?

A. Tu décroches immédiatement sans te poser la moindre question. ★

B. « Nooonnnn ! Je déteste les appels i-no-pi-nés ! » ■

C. Tu es en réunion alors tu refuses l'appel en prenant soin d'envoyer un message automatique : « Bonjour. Je suis en réunion, je vous rappelle plus tard. » ●

D. Tu n'as pas le permis, tu es dans ton lit, mais tu refuses l'appel en prenant soin d'envoyer un message automatique : « Bonjour. Je conduis, je vous rappelle plus tard. » ✶

2 — C'est lundi, il est 21 heures. Ton/ta pote vient de se faire larguer et te demande ce que tu fais ce soir. Que réponds-tu ?

A. Tu n'as toujours pas le permis, tu es toujours dans ton lit, et tu te dis que ton/ta pote méritait bien mieux, que cette rupture est une bonne chose. Tu répondras demain ! ✶

B. Tu te dis : « J'allais me faire des raviolis mais tant pis, je fonce ! » ★

C. Tu dis que tu es déjà pris(e) – ce qui est vrai – et tu fixes tout de suite une heure pour un déjeuner en duo le lendemain. ■

D. Tu réponds : « Je finis mes raviolis et j'arrive. À tout à l'heure ! » ●

3 — Ton/ta pote fête son anniversaire, que lui offres-tu ?

A. Rien. Le cadeau, c'est toi. ✶

B. Comme l'année dernière, tu offres un bel accessoire tech. ■

C. Le cadeau dont il/elle t'a parlé il y a longtemps sans y penser, ce truc dont il/elle n'osait même plus rêver. ★

D. Tu as réservé deux places pour aller voir ensemble le concert de votre artiste préféré(e). C'est noté dans ton agenda depuis des mois ! ●

4 — Ton/ta pote est parti(e) travailler à l'autre bout du monde il y a un mois, et pour un an. À quand remonte le dernier message que tu lui as envoyé ?

A. Au jour de son départ, pour lui souhaiter bon voyage. La prochaine fois que tu as du temps, tu lui écris. ●

B. Ça fait exactement une semaine. Tu attends demain pour le relancer ! ■

C. Vous vous appelez toutes les semaines, c'est plus simple et plus sympa ! ★

D. Vous vous verrez à son retour, vous aurez plein de choses à rattraper ! ✶

Résultats

Si tu as une majorité de ★ :
Tu es le gars/la meuf sûr(e).
Pas de questions, pas de prises de tête. On t'appelle, tu réponds, point barre. Tes potes comptent à 100 % sur toi, félicitations !

Si tu as une majorité de ● :
On peut compter sur toi — le week-end.
Tu es toujours là pour tes ami(e)s malgré l'importance qu'a prise ta carrière dans ta vie. Tu parviens à combiner les deux d'une main de maître, bien joué !

Si tu as une majorité de ■ :
On peut compter sur toi, mais pas à l'improviste.
Tes potes savent qu'ils peuvent toujours compter sur toi, même si la spontanéité n'est pas ton domaine de prédilection. On sait que tu fais des efforts pour être plus détendu(e) alors bravo !

Si tu as une majorité de ✶ :
On peut compter sur toi, mais seulement en cas de tempête.
Tu es un(e) ami(e) précieux/précieuse qui sait se faire désirer. On ne te voit pas souvent mais, en cas de force majeure, tu ne manques jamais à l'appel et fais preuve de la plus grande efficacité – c'est à ça qu'on reconnaît les vrais !

CHAPITRE 5

ET
l'amour,
DANS TOUT ÇA?
————
Le couple

«Savoir se mettre à la place de l'autre, c'est la clef.»

ET *l'amour*, DANS TOUT ÇA ?
LE COUPLE

Un rapport de sincérité

Pour moi, le couple repose avant tout sur un rapport de sincérité. Un amour sincère, une bienveillance sincère, une compassion sincère. Savoir se mettre à la place de l'autre, c'est la clef.
Et puis, le couple, c'est aussi quelques sacrifices. Mais ils se font naturellement, parce que la confiance est là. Et je ne parle pas que de la fidélité. Je parle du fait de confier son cœur et ses sentiments à l'autre. De se livrer à l'autre.

Je deviens une partie de toi, tu deviens une partie de moi.

« Les amis de mes amours…

… sont mes amis. » Ou, en tout cas, je suis convaincue que quiconque tombe amoureux de quelqu'un doit prendre cette personne… et toutes celles qui l'entourent. Et ce monde, il comprend les amis. Ceux qui étaient là avant (sauf ceux qui pourraient se révéler toxiques et m'empêcheraient d'avancer), ceux qui seront toujours là. Tu ne te mets pas en couple avec quelqu'un pour faire le tri dans ses amis ! Tu digères, c'est tout.

CHAPITRE 5

ET *l'amour,* DANS TOUT ÇA?

———

Le mariage et la maternité

« *Se marier, pour moi, c'est le plus beau des contrats.* »

ET *l'amour*, DANS TOUT ÇA ?

LE MARIAGE ET LA MATERNITÉ

S'engager

Je l'avoue : ce qui me terrifie dans l'âge adulte, c'est le mariage. Et tout ce qu'il induit.

Je ne crains pas du tout l'engagement, au contraire ! Se marier, pour moi, c'est le plus beau des contrats. C'est comme avancer de mille pas d'un coup dans la vie. C'est une nouvelle aventure !

Non, ce qui me fait peur, c'est de quitter ma famille et d'avoir des enfants. On m'y a « préparée » et, pourtant, je ne peux pas m'empêcher de me dire que le vivre est une chose bien différente.
Contrairement à d'autres, je ne vivrai pas de période transitoire. Lorsque je quitterai le foyer maternel, ce sera pour rentrer directement dans le vif du sujet ! Pas de place pour le test, pour le doute.

Mais ma mère – ce héros – sera la première à me dire de revenir si jamais, après m'être battue corps et âme pour maintenir une vie conjugale épanouissante, je ne suis plus heureuse. Elle sera toujours là. Et ça, c'est ce qu'il y a de plus rassurant au monde. Savoir que notre famille est soudée, que son unité est indestructible.

ET
l'amour,
DANS TOUT ÇA ?

LE MARIAGE ET LA MATERNITÉ

L'amour incommensurable

Je veux des enfants, c'est une certitude. Mais ce souhait n'est pas dénué d'inquiétudes, évidemment !
Voir son corps changer, c'est effrayant. Surtout dans une société comme la nôtre, qui a encore tellement d'exigences à l'égard du corps de la femme.
Et puis, avoir la responsabilité d'un petit être fragile qui n'a pas demandé à venir au monde, ça fait peur ! Il faudra l'accompagner sa vie durant, être toujours là pour lui.
J'appréhende tout cela. J'appréhende cet amour incommensurable qui va voir le jour.

Comment sait-on quand on est prêt(e) pour tout cet amour ?

La famille, l'amitié, le couple... tout ça rentre dans ma définition du bonheur. Mais pas que !

CHAPITRE 6

AU PLUS PRÈS DE SOI :
la comédie

« *Jouer un rôle me permet d'être moi sans être moi.* »

CHAPITRE 6

AU PLUS PRÈS DE SOI :
la comédie

Le théâtre

**AU PLUS
PRÈS DE SOI :
*la comédie***

LE THÉÂTRE

C'est parce qu'une professeure a cru en moi que je me suis tournée vers le théâtre. Sans elle, j'aurais continué à penser que ce n'était pas pour moi, que ça ne pouvait pas correspondre au milieu dans lequel j'avais grandi. J'étais intimement persuadée que cet art n'était pas à ma portée, que je n'étais pas la cible. Mais le théâtre n'a pas de cible : seuls comptent le talent, la passion et le travail.

Jouer un rôle me permet d'être moi sans être moi. Et j'adore ce challenge !

Parce que, pour moi, on ne peut pas avancer dans la vie et avoir des projets sans cette part de défi, sans une volonté constante de se dépasser. Le théâtre m'a permis de gagner en maturité et de nourrir ma confiance en moi. Il m'a donné les moyens de me redécouvrir, d'explorer des facettes de ma personnalité qu'il ne m'avait pas encore été donné d'explorer. Grâce au jeu, grâce à l'incarnation de multiples personnages vivant à des époques variées, j'ai pu fixer mes contours, j'ai pu me redéfinir.

CHAPITRE 6

AU PLUS PRÈS DE SOI :
la comédie
———

Le cinéma

Première chance

Le rôle que m'a donné Franck Gastambide dans *Validé* est celui de la première chance. C'est un cadeau inestimable. Je jouais l'amie de l'héroïne et je m'appelais… Fatou !

Coup de cœur

Mon grand coup de cœur artistique, c'est Louis-Julien Petit. J'avais adoré *Discount* (2015) – une brillante comédie sur le gaspillage alimentaire – et *Les Invisibles* (2018). Alors, quand il m'a appelée pour jouer dans *La Brigade*… je me suis dit que c'était un truc de fou !

Il a aussi fait appel à moi pour le festival du Film de demain, qu'il a créé, en me proposant de faire partie du jury. Il a choisi d'organiser l'événement dans une petite ville un peu reculée, à Vierzon – on est loin de Cannes et de son tapis rouge, et c'est génial. Louis-Julien sait mettre en avant son sujet sans avoir peur de prendre des risques. Et si les gens le suivent, c'est aussi parce que, humainement, c'est quelqu'un de formidable, doté d'un bon fond et d'un grand cœur. Et ça ne l'empêche pas d'être très exigeant avec ses acteurs.

CHAPITRE 7

La POLITIQUE

« Aujourd'hui, on peut être issu de la diversité et marquer sa génération. »

Je crois que la meilleure manière de faire de la politique, c'est d'être soi-même.

Je suis particulièrement engagée, j'ai des opinions et le désir de changer les choses, les mentalités, les habitudes pour le meilleur.

Être une artiste m'offre une liberté que je chéris plus que tout car elle me permet d'agir avec ma propre sensibilité, sans jamais trahir les valeurs qu'on m'a inculquées et que je souhaite transmettre. Contrairement aux personnes dont c'est le métier et qui jouent ce rôle-là (car, disons-le, être un homme ou une femme politique, c'est jouer un rôle), je ne cherche pas à convaincre le plus grand nombre avec des procédés plus ou moins démagogiques, des éléments de langage. On peut être d'accord avec moi… et on peut aussi ne pas l'être. C'est un droit !

On peut ne pas m'aimer. Ce qui compte, c'est la liberté de pouvoir le penser et le dire.

CHAPITRE 8

La
CUISINE

La
CUISINE

Une affaire de famille

La première cuisine de ma vie, celle que je préfère, celle qui a éduqué mes papilles, c'est celle de ma mère. La meilleure cuisinière que je connaisse ! Elle nous préparait des plats de toutes sortes, aussi bien africains que français. Les repas sont une manière d'entretenir et de sublimer le lien qui unit les membres du foyer et ils ont lieu tous les jours, plusieurs fois par jour (sur ce coup-là, je ne vous apprends rien). Alors, autant que ce soit bon !

La CUISINE

MES PLATS PRÉFÉRÉS ?

Le thiéboudienne
(communément appelé « thieb »)

Le mafé gui
(sauce tomate revisitée avec du riz)

L'attiéké au poisson

Les lasagnes bolognaises

Le hachis parmentier et la raclette
(oui, j'aime les pommes de terre et le fromage
– c'est mon côté franchouillarde)

MON DESSERT PRÉFÉRÉ ?

Le fraisier.

MA BOISSON PRÉFÉRÉE ?

L'eau… et le coca

Où manger à Paris

Quand je ne suis pas chez moi, j'aime aller dans des lieux où je sais que je serai comme à la maison, ou presque. Des lieux où je sais que je mangerai bien, où les plats seront beaux, bons, et servis avec le sourire.

LE BAJA

C'est super bon, la qualité est extra et le service, sympa : rapport qualité-prix imbattable !

Ce que je préfère là-bas : les œufs brouillés avec du bacon, des pommes de terre et des champignons.

34 ALLÉE VIVALDI, 75012 PARIS.

LE GRAND AMALFI

C'est l'un des meilleurs restaurants italiens de ma vie ! Le personnel est hyper gentil et toute la carte est délicieuse (vous avez bien lu : toute la carte !).

Ce que je préfère là-bas : les classiques salade de tomates/mozzarella, et les pâtes à la bolognaise.

9 QUAI DE MONTEBELLO, 75005 PARIS.

La CUISINE

Et, évidemment...

LE SOHO HOUSE PARIS

Le restaurant est caché dans un hôtel parisien du 9e arrondissement et ne se devine pas de l'extérieur. Il est réservé aux membres du club et à leurs invités. Malgré le côté « privé », on s'y sent super bien, peu importe qui on est ou la façon dont on est habillé. Le service est attentionné et la carte, sans chichis !

Ce que je préfère là-bas : l'avocado toast.

45 RUE LA BRUYÈRE, 75009 PARIS.

Oui, c'est mon restaurant ! Mais c'est bien plus que ça. J'ai voulu que Djaam soit un lieu de rendez-vous incontournable pour bien manger et vous faire découvrir ma culture !

Ce que je préfère là-bas : T-O-U-T ! J'aime l'intégralité de la carte... Le mafé au bœuf accompagné d'un jus de bisap, par exemple, c'est incroyable. Et les p'tites pastels au bœuf, mmmh !

Élues meilleures pastels et meilleur jus de bisap de France par le guide Fatou Guinea Kaba (première édition). 🫵😂

78 RUE RÉAUMUR, 75002 PARIS.

CHAPITRE 8

La
CUISINE

———

Mes recettes favorites

MES RECETTES FAVORITES

LES FATOU BOLOS

INGRÉDIENTS
(pour 4 personnes) :

70 cl de pulpe de 🍅

500 g de 🐮 *

2 🥕

1 🧅 **

1 branche de céleri

40 g de beurre

15 cl de 🥛 ***

3 feuilles de laurier

500 g de pâtes de votre choix (il faut se faire plaisir dans la vie)

du parmesan
(à volonté, *of course !*)

sel et poivre

*   Je suis un bœuf. Hachez-moi !
** Vous faites les durs mais je vous ferai pleurer, parole d'oignon.
*** Je suis le lait, votre ami pour la vie.

1 Épluche et coupe en petits dés l'oignon, les carottes et le céleri. (Dans la cuisine italienne, on appelle cette garniture aromatique de base le « sofrito ».)

2 Fais revenir le sofrito dans une sauteuse après y avoir fait fondre le beurre (pas d'huile d'olive ; la recette italienne originale stipule d'utiliser pour seules matières grasses des produits laitiers !).

3 Quand le tout commence à dorer, ajoute la viande en prenant soin de bien l'émietter avec une spatule (ce n'est pas une sauce aux boulettes !).

4 Laisse dorer puis ajoute le lait, la pulpe de tomate et le laurier. Mélange et fais mijoter pendant 2 heures à feu tout doux (ça prend du temps, de bien manger).

5 Après deux heures à regarder un bon film sur Prime Video (ou à lire et chérir ce livre, plutôt), retire les feuilles de laurier, sale et poivre avec style et parcimonie.

6 Sers avec les pâtes *al dente*, le parmesan... et le sourire !

MES RECETTES FAVORITES

LE POULET YASSA

Un plat que je me fais régulièrement, les yeux fermés !

INGRÉDIENTS
(pour 3-4 personnes) :

6 🍗 de 🐔

720 g de 🍚 long

des 🧅 émincés

du jus de 🍋

de l'huile neutre et du vinaigre blanc

1 cuillère à soupe de moutarde

sel, poivre et différentes épices à ta convenance (mélange jumbo poulet, mélange adja, séché...)

1 Pendant que l'eau pour le riz à la vapeur chauffe, mets les oignons émincés dans un saladier contenant la marinade suivante : vinaigre blanc (un tout petit peu), moutarde, poivre, jus de citron, un peu d'adja, un peu de jumbo, sel, poivre...

2 Pendant ce temps, fais chauffer de l'huile dans un faitout et saisis-y les cuisses de poulet rapidement des deux côtés afin qu'elles soient dorées. Réserve.

3 Dans ce même faitout, verse les oignons et la marinade, ajoute un peu d'eau pour donner la consistance d'une sauce et un peu de piment (n'en mets pas trop, sauf si tu veux voir pleurer tes invités) et fais mijoter le tout à feu doux.

4 Quand les oignons sont bien fondants et après avoir ajusté ton assaisonnement (sel, poivre, épices...), ajoute le poulet et poursuis la cuisson jusqu'à ce qu'il soit tendre.

5 Une fois que tout est cuit, tu peux servir ton poulet yassa accompagné de son riz cuit à la vapeur !

MES RECETTES FAVORITES

LE FATOU FRAISIER

On opte pour une version méga-rapide... parce qu'on n'a pas le temps !

INGRÉDIENTS
(pour 4 personnes) :

24 🍓

24 cl de crème fleurette (la crème de la crème)

16 cl d'eau

12 biscuits roses de Reims

3 🥄 à soupe de sirop de canne

1 🥄 à soupe de sirop de fraise

2 sachets de sucre vanillé

1. Mets la crème fleurette dans un cul-de-poule et, pour mettre toutes les chances de ton côté, place le tout – ainsi que les fouets du batteur, soyons fous ! – au congélateur.

2. Dans une assiette creuse, verse le mélange d'eau, de sirop de canne et de sirop de fraise.

3. Laisse tremper les biscuits dans cette mixture.

4. Tu peux maintenant sortir la crème bien froide et la fouetter afin d'en faire une chantilly très ferme. Ajoute le sucre vanillé et fouette encore un peu, de manière à obtenir une chantilly serrée.

5. Place au montage (eh oui, c'est déjà fini !) : dans chacune des 4 verrines, place 3 biscuits imbibés, 5 fraises émincées et de la chantilly. Réserve au frais.

6. Au moment de servir, sors les verrines et dépose sur le dessus 2 fraises avec la queue, pour le chic !

CHAPITRE 9

Le FATOU WORLD

CHAPITRE 9

Le **FATOU WORLD**

Mon question-naire de Proust

MON QUESTIONNAIRE DE PROUST

Ma vertu préférée ?
Le fort caractère, tant qu'il est saupoudré d'amour et d'humour, d'une autodérision maximale, de bonté et d'humanité.

La qualité que je préfère chez un homme ?
La sincérité, tant qu'elle émane d'un cœur bon.

La qualité que je préfère chez une femme ?
La sincérité, tant qu'elle émane d'un cœur bon.

Ma principale qualité ?
La même que celle que j'attends d'autrui ! La sincérité.

Ce que j'apprécie le plus chez mes amis ?
La bonté, la spontanéité et la générosité.

Mon principal défaut ?
La dureté. Je peux être très radicale si on me déçoit ou me blesse ; alors je coupe tout, et c'est irréversible.

Mon occupation préférée ?
Créer et divertir.

Mon rêve de bonheur ?
C'est d'être moi-même, mariée, à l'abri. Avoir des enfants, ma mère auprès de moi – qu'elle ne manque de rien, qu'elle soit à l'abri de tout et qu'elle ait la paix du cœur – ainsi qu'une belle carrière. Et puis… j'espère laisser une belle empreinte sur ma génération et sur cette terre.

Quel serait mon plus grand malheur ?
Je n'ose même pas l'imaginer.

Ce que je voudrais être ?
Je voudrais avoir une belle carrière d'actrice puis m'investir pleinement dans le milieu associatif afin de lutter contre l'excision en Afrique, combattre les violences faites aux femmes en France et encourager la transmission des valeurs entre les aînés et les jeunes.

Le pays où je désirerais vivre ?
Le Sénégal. Tout comme la Guinée, mon pays natal, c'est en Afrique de l'Ouest ; leurs cultures sont communes et j'adore cet endroit !

Le FATOU WORLD

MON QUESTIONNAIRE DE PROUST

Mes couleurs préférées ?
Le noir, le blanc, le nude, le marron, le vert et le bleu roi. Je ne peux pas choisir !

Ma fleur préférée ?
La rose.

Mon oiseau préféré ?
Pas d'oiseau. Le chat et le chien !

Mon auteur préféré ?
Aimé Césaire.

Mon héros de fiction préféré ?
Harry Potter.

Mon héroïne de fiction préférée ?
Shuri, dans Black Panther.

Mon compositeur préféré ?
Hans Zimmer, pour les géniales bandes originales du *Roi Lion*, de *Gladiator* et de *Pirates des Caraïbes*.

Ce que je déteste par-dessus tout ?
La méchanceté, la manipulation et l'hypocrisie.

Les personnages historiques que je méprise le plus ?
Les colons, en règle générale.

La réforme que j'estime le plus ?
Le droit de vote enfin donné aux femmes françaises (1944) puis aux femmes guinéennes (1958).

Le super-pouvoir que j'aimerais avoir ?
Celui de voyager dans le temps pour réparer le passé et connaître l'avenir.

Comment j'aimerais mourir ?
Dans mon sommeil.

Mon état d'esprit actuel ?
Plus motivée que jamais ! J'ai la DALLE.

Les fautes qui m'inspirent le plus d'indulgence ?
Les maladresses. L'erreur est humaine !

Ma devise ?
Trace ta route.

TON QUESTIONNAIRE DE PROUST

Ta vertu préférée ?

La qualité que tu préfères chez un homme ?

La qualité que tu préfères chez une femme ?

Ta principale qualité ?

Ce que tu apprécies le plus chez tes amis ?

Ton principal défaut ?

Ton occupation préférée ?

Ton rêve de bonheur ?

Quel serait ton plus grand malheur ?

Ce que tu voudrais être ?

Le pays où tu désirerais vivre ?

Tes couleurs préférées ?

Ta fleur préférée ?

Le FATOU WORLD

TON QUESTIONNAIRE DE PROUST

Ton oiseau préféré ?

Ton auteur préféré ?

Ton héros de fiction préféré ?

Ton héroïne de fiction préférée ?

Ton compositeur préféré ?

Ce que tu détestes par-dessus tout ?

Les personnages historiques que tu méprises le plus ?

La réforme que tu estimes le plus ?

Le super-pouvoir que tu aimerais avoir ?

Comment tu aimerais mourir ?

Ton état d'esprit actuel ?

Les fautes qui t'inspirent le plus d'indulgence ?

Ta devise ?

CHAPITRE 9

Le **FATOU WORLD**

Cinéma et musique de mon enfance

CINÉMA ET MUSIQUE DE MON ENFANCE

Les films et dessins animés de mon enfance et d'aujourd'hui

La mini-série *Racines* (la version des vrais, celle de 1977), c'était la base !

L'histoire d'une famille d'esclaves afro-américains que l'on suivait sur plusieurs générations. On voyait à l'écran leur quotidien, les épreuves endurées. Ça n'enjolivait rien, c'était très juste et très fort !

Le feuilleton *Shaka Zulu* (1986)
L'histoire d'un personnage historique essentiel.

Le film *Think like a man* (2012) : un classique.

C'est une super comédie romantique dans laquelle on suit la vie compliquée de quatre couples. Quatre femmes essaient de se mettre à la place des hommes pour comprendre la psychologie masculine, et inversement. C'est drôle et intelligent. Ça a été un succès critique et commercial, à l'époque ! 12, 5 millions de dollars de budget... pour plus de 96 millions de dollars de recette ! Trop fort.

Le dessin animé *Franklin* (1996-2004), of course.

*Franklin, c'était la meilleure tortue. À chaque épisode, il avait un problème à résoudre et il s'en sortait toujours brillamment, sans faire de mal à une mouche. Un vrai gentil.
(Et puis aussi Tom-Tom et Nana, Titeuf, les Totally Spies, Jumanji, Hey Arnold, Cédric...)*

Le FATOU WORLD

CINÉMA ET MUSIQUE DE MON ENFANCE

La saga **Harry Potter** (2001-2011)

Je suis une grande fan, attention. Je ne le cacherai pas. J'assume tellement que j'affirmerai ici avec fierté la chose suivante : ma maison, c'est Gryffondor. C'est elle qui rassemble les meilleurs ! La plus intelligente (Hermione), le plus maladroit, drôle et donc touchant (Ron) et, évidemment, le plus courageux de tous, l'élu, le héros (Harry).

La série **Game of Thrones** (2011-2019) : exceptionnelle.

Il y a tellement de rebondissements ! Elle est palpitante, je suis tout le temps tenue en haleine par quelque chose. Je m'attache au personnage et là, bam, il meurt !

Le film **Les Visiteurs** (1993) : inoubliable.

Jacquouille la Fripouille ! Indépassable.

Le top 3 des Disney

La Belle et la Bête, Mulan et le *Roi Lion*.

CINÉMA ET MUSIQUE DE MON ENFANCE

Et puis aussi, bien sûr :

- *La Haine* (1995)
- *Le Dîner de cons* (1998)
- *Astérix et Obélix. Mission Cléopâtre* (2002)
- *Persepolis* (2007)
- *LOL* (2008)
- *Bienvenue chez les Ch'tis* (2008)
- *Un prophète* (2009)
- *Tout ce qui brille* (2010)
- *Les Petits Mouchoirs* (2010)
- *Intouchables* (2011)
- *Discount* (2014)
- *Qu'est-ce qu'on a fait au bon dieu ?* (2014)
- *Les Invisibles* (2019)
- *Les Misérables* (2019)

- *E.T., l'extraterrestre* (1982)
- *Scarface* (1983)
- *Le Parrain* (1972)
- *Sister Act* (1992)
- *High School Musical : Premiers pas sur scène* (2006)
- *La Couleur des sentiments* (2011)
- *Le Majordome* (2013)
- *Selma* (2014)
- *Birds of Prey* (2020)
- *La saga Fast and Furious* (2001-2023)

Le FATOU WORLD

CINÉMA ET MUSIQUE DE MON ENFANCE

Les musiques de mon enfance

La musique francophone

Le rap
Il y en avait tellement ! Diam's et Vitaa, évidemment. Amel Bent, Zaho, Fanny J, Wallen... plein de meufs géniales. Et puis les classiques du rap : Booba, Rohff, Kerry James (du vrai rap politique), La Fouine, le 113, Sexion d'Assaut, Soprano... J'en oublie plein !

La variété
J'écoutais Céline Dion (je l'écoute encore, d'ailleurs), Johnny Hallyday, Mylène Farmer, Édith Piaf (tellement fan), Kyo... Et puis, à l'époque, je saignais les albums de Jennifer, d'Alizée, de Lorie et de Billy Crawford.

La musique africaine

Salif Keïta (un des plus grands artistes maliens), le chanteur ivoirien Espoir 2000, Fodé Baro (un chanteur guinéen – issu d'une famille peulh-mandingue – que j'adore), Les Espoirs de Corinthie (groupe de musique traditionnelle guinéenne qui chante en sousou), DJ Arafat, Espoir 2000... et tant d'autres encore !

La musique US

Usher (un pro à tous les niveaux), Justin Bieber (son digne disciple), 50 Cent (pour son flow nonchalant incomparable), les Destiny's Child (des déesses) puis Beyoncé en solo (la reine), Rihanna (la reine aussi, à sa façon), les Pussycat Dolls, J.Lo, Mary J. Blige, Timbaland, Justin Timberlake... et tellement plus encore !

CHAPITRE 9

Le **FATOU WORLD**

Culture rap, culture urbaine ?

CULTURE RAP, CULTURE URBAINE ?

Le rap et moi, une histoire d'amour

Il y a de tout, des bons et des moins bons, comme partout… mais il y a un tel nombre de talents !
Dinos, Damso, Josman, Tiakola… Ces rappeurs-là font du rap un peu « cloud », je dirais. Un rap qui résonne dans les cœurs, qui est aérien et pétri de références aux anciens.
SCH est très fort, Niska est incroyable, Gazo est très chaud. Et Ninho, bien sûr !

Le rap et ma mère (une autre histoire)

Ma mère estime que les rappeurs endorment les enfants en leur faisant croire que la rue, c'est lourd.

« Je sais qu'il y a des mythos sur cette terre, mais eux, c'est les champions. »

CULTURE RAP, CULTURE URBAINE ?

Pourtant, elle est la première à les écouter, il faut le savoir. Elle connaît tous les rappeurs, les anciens comme les contemporains, et même les émergents. Elle est hyper à la mode, la go !

Mais voilà. C'est ce qui lui donne la légitimité de dire que, selon elle, la plupart font comme si la cité n'était constituée que de bicrave, de misères diverses. Elle leur reproche de faire comme si, sous prétexte que le quartier rend parfois la vie difficile, le crime était « hype » et les délits stylés. À ses yeux, c'est un mauvais message adressé à la jeunesse.
« Ils ont été bien encadrés, leurs parents ont fait leur travail : ils mentent ! »

Pour elle, les parents ont fait de leur mieux avec les moyens qu'ils avaient.

Et si je lui dis que certains ont véritablement vécu dans la hess, que certains sont véritablement allés en prison, elle me répond que, si c'était vrai, ils seraient tous morts depuis longtemps. Quant à ceux qui y sont véritablement allés, elle estime que ce n'est pas quelque chose qui devrait être clamé. Il n'y a rien à valoriser là-dedans.

Elle a écouté la chanson de Gazo intitulée « Die ». C'est un morceau qui raconte, en substance, qu'il continuera à faire de l'argent jusqu'à ce qu'il en meure. À la fin de son écoute, ma mère s'est tournée vers moi et, comme si elle s'adressait à Gazo, elle a lâché :

« Et si tu meurs, tu feras comment pour voir ce qui se passe après ?! Arrête de mentir ! »

CULTURE RAP, CULTURE URBAINE ?

Qu'est-ce que ça veut dire, « urbain » ?

Comme dirait Fary, est-ce que ça désigne les contenus qui vendent le plus ? Est-ce que ça désigne les contenus les plus « hype » ? Ceux qui sont mis en avant ?
Aujourd'hui, les sonorités qui reviennent le plus dans la musique dite « urbaine », c'est l'« afro ». Les gens adorent l'afro. C'est une musique qui t'emporte, sur laquelle tu ne peux pas t'empêcher, si ce n'est de danser, de marquer le rythme. Tu vas au moins bouger la tête, c'est sûr.

La preuve que l'« urbain » est un truc stylé, aujourd'hui ? Christian Dior crée des joggings. Des JOGGINGS.

À l'époque, les grands de chez nous disaient : « La banlieue influence Paname, Paname influence le monde ! » Ils ne savaient pas à quel point ils avaient raison.

Le **FATOU WORLD**

CULTURE RAP, CULTURE URBAINE ?

`TEST`
Quel(le) rappeur(se) es-tu ?

1 — Comment te sens-tu, aujourd'hui ?

A. « Je vous répète que je suis forte, que j'ai guéri. » ●
B. « J'aime trop mon comportement. » ■
C. « Aujourd'hui tout va bien, j'ai un train de vie délicat. » ★
D. « Dormi, dormi, ça fait tellement longtemps que je n'ai pas dormi, dormi. » ✳

2 — Quelle est ta vision de la famille ?

A. « Valeurs, principes avant la money. » ★
B. « On fait le combo, j'ai trouvé la recette. Mariage, enfant, je crois que c'est le concept. » ■
C. « J'ai qu'une équipe, c'est ma famille. » ✳
D. « Je ne jure jamais sur la tête de ma mère. Elle vaut beaucoup trop cher. » ●

3 — Quel est ton rapport à l'argent ?

A. « C'est la crise ouais, chez moi y a plus de Haribo. » ●
B. « Tu penses à moi, je pense à faire de l'argent. » ■
C. « À part la santé, tout s'achète. » ★
D. « Choses simples, le bonheur est dans les choses simples, ouais. » ✳

4 — Quel est ton rapport à l'amour en ce moment ?

A. « Je pense pas avec le cœur non, je pense avec la tête. » ✶
B. « Je crois que je suis love, je sais pas ce qui m'arrive. » ■
C. « J'ai les mains dans le love, j'ai les mains dans le love. » ★
D. « Par amour, par amour, par amour, rien n'est impossible. » ●

5 — Quelle est ton ambition ?

A. « Moi, c'est le haut niveau. » ✶
B. « Je veux pas être ton idole mais ton inspiration. » ★
C. « Regarde ce que j'ai fait de ma vie. J'ai quitté l'école pour être disque d'or, je suis disque de platine. » ■
D. « De l'hiver à l'automne, moi je veux être pété(e) de rire. » ●

Résultats

Si tu as une majorité de ★ :
Tu es Tiakola.

On t'appelle « Tiako la Mélo » parce que tu sais aussi bien rapper que chanter. De la cité des 4 000 à l'Olympia de Paris, de feat en feat jusqu'à l'album solo, tu as tracé ta route avec talent ! Bravo.

Si tu as une majorité de ● :
Tu es Diam's.

Tu t'appelles « Diam's » car tu sais que le diamant n'est composé que d'éléments naturels et qu'il ne peut être brisé que par un autre diamant. Ton talent se manifeste aussi bien dans ta musique que dans ta manière de traverser les épreuves. Félicitations.

Si tu as une majorité de ■ :
Tu es Aya Nakamura.

Alors oui, c'est vrai, tu n'es pas une rappeuse. Mais tu as côtoyé les meilleurs d'entre eux, de Damso à Niska, en passant par Gradur. Double disque de platine, égérie Lancôme, artiste au succès international ; ta réussite et ta singularité suscitent l'admiration. *Well done.*

Si tu as une majorité de ✶ :
Tu es Dinos.

Tu es Dinos, l'alchimiste du rap. Urim et Thummim sont les pierres qui te guident sur la route du succès, et elles le font bien. Narrateur de talent, tu as pour toi le succès d'estime et le succès commercial. Les épinards et le beurre. Mes compliments.

CHAPITRE 9

Le **FATOU WORLD**

———

Le fatou-langage

« Ma façon de m'exprimer, c'est un cocktail Molotov de plein de choses. »

LE FATOULANGAGE

Petit lexique à l'usage des lecteurs

Maman   Na (malinké)
Papa   N'fa (malinké)
Petit frère   dooni (malinké)
Grand frère   Korokè (malinké)
Petite sœur   domousso (malinké)
Grande sœur   koromossou (malinké)
Grand-mère   Grams (argot)

Comment dire « bonjour » ?
« Inoualé » / « Wesh, bien ou quoi ? » / « Oh ! Quel bail ! » / Ou… « bonjour », tout simplement.

Comment dire « au revoir » ?
« Ambékofé ! » / « Vas-y, on s'attrape ! » /Ou… « au revoir ».

Que quelque chose est beau ?
« C'est grave beau, tout simplement. »

Que quelque chose est stylé ?
« C'est lourd. »

LE FATOULANGAGE

Que quelque chose est drôle ?
« Des barres ! » / « Golri » / « C'est archi drôle wesh ! »

Comment répondre à quelqu'un qui te fait des réflexions sur ton physique ou sur ta tenue ?
« Ta vue a baissé parce que, quand tu m'as vue, le soleil est venu. »

Que dire d'un beau mec ?
« C'est un BG. » / « C'est un pain ! » (parce que le pain, c'est bon) / « Ah mais c'est qui ce biscuit chaud ? »

Que dire d'une belle femme ?
« C'est un missile ! » / « Elle dja ! » (= elle déchire).

Quel juron du quotidien ?
« Damned ! » / « Purée ! » / « Punaise ! »

Ton insulte mignonne ?
Ignare-imbécile.

CHAPITRE 9

Le FATOU WORLD

Le fatousphère

LE FATOUSPHÈRE

MADRID
Le meilleur show que tu as eu l'opportunité de voir dans ta vie ?
Kendrick Lamar et Rosalia, au festival Primavera de Madrid en juin 2023 ! C'était incroyable.

LA CÔTE D'IVOIRE
Ton lieu de vacances préféré ?
La Côte d'Ivoire, pour l'ambiance. Les gens sont archi-marrants et tellement pas prise de tête !

AUBERVILLIERS
L'endroit où tu as grandi ?
Aubervilliers, là où j'ai toujours habité.

CANNES
Ton festival préféré ?
Cannes ! Le plus glamour de tous.

ALPES-D'HUEZ
Ton autre festival préféré ?
Le Festival international du film de comédie de l'Alpe-d'Huez ! C'est le plus drôle du monde, je crois.

NEW YORK
Ta ville américaine préférée ?
New York, sans hésiter ! J'adore cette ville et j'ai de la famille là-bas.

MONTRÉAL
Ta dernière découverte ?
Montréal. J'ai kiffé cet endroit ; là-bas, les gens sont aussi chaleureux qu'il y fait froid ! (Les pauvres n'ont pas de boulangeries, en revanche. Une vie sans baguette... c'est très grave !)

DAKAR
La ville où tu aimes aller souvent ?
Dakar ! Le Sénégal est un de mes pays préférés.

CONAKRY
La ville où tout a commencé ?
Conakry, la ville d'où vient ma mère. Parce qu'impossible de parler de mes origines sans parler de celles de ma mère.

PARIS
Ta ville de cœur ?
Paris ! La base.

DUBAÏ
L'endroit que tu adores et que tout le monde critique ?
N'en déplaise à beaucoup de gens : je trouve que Dubaï, c'est dar !

CHAPITRE 9

Le
**FATOU
WORLD**

———

La Guinée

«Si j'ai voulu m'appeler Fatou Guinea, c'est pour rendre hommage à mes racines guinéennes.»

LA GUINÉE

La Guinée Conakry en quelques informations essentielles

Origine du nom

La Guinée (aussi appelée Guinée Conakry) se nomme ainsi car elle se situe dans la région du golfe de Guinée. On retrouve ce mot dans le nom porté par trois autres pays de la région : la Guinée-Bissau, la Guinée équatoriale et la Papouasie-Nouvelle-Guinée.

Situation géographique

La Guinée se situe en Afrique de l'Ouest. Elle partage ses frontières avec six pays et avec l'océan Atlantique nord. La moitié de ce territoire forestier bien irrigué est couverte d'arbres !

Nombre d'habitants

En 2023, le pays compte 14,7 millions d'habitants.

Superficie

Le pays a une superficie totale de 245 857 km². C'est presque 7 fois plus grand que son voisin, la Guinée-Bissau ! Mais comparé à plein d'autres pays, le territoire n'est pas si grand : il est 2,7 fois plus petit que la France (672 051 km²)... et 40 fois plus petit que les États-Unis (9 834 000 km²) !

Capitale

Conakry.

Fête nationale

Le 2 octobre 1958, à l'issue d'un référendum, la Guinée acquiert son indépendance vis-à-vis de la France après soixante-sept ans de colonisation. Cette date deviendra celle de la Fête nationale.

LA GUINÉE

Langues
La langue officielle du pays est le français mais on dénombre plus de 24 langues nationales (dont le malinké et le soussou).

Religions
85 % de la population est musulmane, 7 % est chrétienne et le reste adhère à des croyances traditionnelles indigènes.

Devise
Travail, justice, solidarité.

Atouts
Le pays a une façade maritime et six pays limitrophes. Il possède aussi – et ce n'est pas rien – un grand nombre de ressources naturelles ; son sous-sol est très riche en minerais comme l'or, le fer et les diamants! La Guinée possède même le tiers des réserves terrestres en bauxite, minerai qui constitue la première source mondiale d'aluminium.
Autre élément très important : le pays abrite plusieurs ethnies comme les Malinkés, les Peuls, les Soussous, les Kissis, les Tendas... Sur une même terre se côtoient donc plusieurs langues et plusieurs cultures, c'est une immense richesse !

Difficultés
L'économie du pays est peu diversifiée et donc vulnérable. Le secteur non minier doit se développer pour favoriser la croissance du pays, ce qui demande un contexte international plus favorable et un cadre politique stable. Par ailleurs, 44 % de la population guinéenne vit en dessous du seuil de pauvreté et l'espérance de vie est faible : 60 ans pour les femmes, 57 ans et demi pour les hommes.

CHAPITRE 9

Le
**FATOU
WORLD**

———

Exercices !

« Tout le monde a le droit de rêver, tout le monde a le droit de vouloir et de pouvoir accomplir ses rêves. »

EXERCICES !

EXERCICE
Quel(le) rêveur(se) es-tu ?

À toi de participer à l'écriture de ce livre ! Fais la liste des rêves que tu as accomplis et de ceux qu'il te reste à accomplir.

Je commence !

Les rêves que j'ai accomplis :
- ☑ jouer dans un film
- ☑ être indépendante financièrement (subvenir à mes besoins)
- ☑ être en mesure d'aider ma mère
- ☑ être heureuse
- ☑ avoir un bon entourage
- ☑ vivre de ma passion
- ☑ me sentir bien dans ma tête et dans mon cœur
- ☑ être libre
- ☑ écrire ce livre !

Et mes rêves à accomplir :
… SURPRISE !

EXERCICES !

À TOI !

Les rêves que tu as accomplis :

- ☑ ....
- ☑ ....
- ☑ ....
- ☑ ....
- ☑ ....
- ☑ ....
- ☑ ....
- ☑ ....
- ☑ ....
- ☑ ....
- ☑ ....

Les rêves qu'il te reste à accomplir :

- ☐ ....
- ☐ ....
- ☐ ....
- ☐ ....
- ☐ ....

EXERCICES !

EXERCICE
C'est quoi, le bonheur ?

C'est une notion propre à chacun !
Pour certains, c'est l'argent, pour d'autres,
il se limite à la famille ou au travail…
Quelle est ma vision du bonheur ? Quelle est la tienne ?

Je me lance !

Pour moi, le bonheur, c'est :

- ☑ être en phase avec moi-même, avec mes principes et mes valeurs
- ☑ être bien dans ma tête et dans mon cœur
- ☑ être entourée de gens que j'aime et qui m'aiment
- ☑ ne pas être inquiète financièrement

EXERCICES !

À TOI !

- ☐ ....
- ☐ ....
- ☐ ....
- ☐ ....
- ☐ ....
- ☐ ....
- ☐ ....
- ☐ ....
- ☐ ....
- ☐ ....
- ☐ ....
- ☐ ....
- ☐ ....
- ☐ ....
- ☐ ....
- ☐ ....
- ☐ ....
- ☐ ....
- ☐ ....
- ☐ ....
- ☐ ....
- ☐ ....

Pour accomplir le reste de tes rêves et être heureux(se), tu connais mon conseil :

TRACE TA ROUTE !

Remerciements

Merci à ma mère, la femme de tous les possibles, la meilleure du monde, ma plus belle inspiration.
Merci à mon défunt père, qui se sera battu jusqu'à la fin pour le bonheur de ses enfants.
Merci à ma grande sœur, une femme exceptionnelle et une maman extraordinaire. Tu es mon exemple.
Merci à mon petit frère, « le boss de la vie » (mdr), mon bon petit gars, un homme de valeur avec un grand cœur.
Merci à Sergious, aka Serge Tomety, un des hommes les plus brillants et travailleurs que je connaisse.
Merci à mes best OG de tous les temps, mes frères et sœurs d'une autre mère, mes premiers soutiens dans mes folies, Yoni & Imane et Jason.

Merci à L'Oréal Paris, Marion de Piccoli, Marie-Julie Monnot-Caroure, Delphine Viguier Hovasse, pour leur confiance et toutes les expériences vécues.

Merci à l'agence Smile, à Galo Diallo pour sa vision, à Yohan pour m'avoir redonné le goût du travail, à Omar Diallo, l'un de mes êtres humains préférés.

Merci à Marie-Sabine Leclercq pour sa simplicité et son travail acharné.

Merci à Anne Hémion pour sa plume et son talent fou.
Merci à toute l'équipe Robert Laffont pour cet encadrement incr'.

Et surtout merci à vous tous pour votre soutien inconditionnel depuis toutes ces années. Tout ça n'aurait pas été possible sans VOUS. Je vous aime !

À la vôtre, guyz !

Pour plus d'information :

Imprimé sur du papier issu de forêts gérées durablement.

N° éditeur : 67028/01 – N° imprimeur :
Imprimé en Belgique par Graphius